L'ESPRIT

DE JULIE,

OU

EXTRAIT

DE LA NOUVELLE

HELOÏSE.

L'ESPRIT
DE JULIE,
OU
EXTRAIT
DE LA NOUVELLE
HELOÏSE,

OUVRAGE UTILE A LA SOCIÉTÉ,
Et particuliérement à la Jeuneſſe.

Par M. FORMEY.

A BERLIN,

Chez Jean Jasperd, Libraire, vis-à-vis
des Moulins du Werder.

M. DCC. LXIII.

AVERTISSEMENT.

DE tous les Ouvrages qui ont paru dans le cours de l'année mil sept cens soixante-un, il n'y en a point qui ait plus excité l'attention du Public que JULIE ou la NOUVELLE HÉLOÏSE. Son Auteur est incontestablement un des plus habiles Ecrivains de ce siécle. Je ne déciderois pas aussi affirmativement qu'il est un des meilleurs. Il seroit à souhaiter qu'il fût décidé. Tout est probléme à ses yeux, & il voudroit tout rendre problématique à ses Lecteurs. Ses Ouvrages deviennent par-là beaucoup plus

dangereux que ceux des Ecrivains décla-
rés pour l'irreligion. On y lit le pour &
le contre : les deux caufes opofées font
plaidées avec art ; & comme celle de
l'erreur ou du vice a fouvent un Avocat
fecret dans le cœur du Lecteur , on eft
beaucoup plus affecté par les mauvaifes
raifons que par les bonnes. Quand avec
cela on met de pareils Plaidoyers dans
des Livres faits pour les perfonnes les
plus faciles à féduire , quels n'en doivent
pas être les effets ! Sous ce point de vue
JULIE, toute admirable qu'elle eft , auroit
dû demeurer dans le cerveau d'où elle eft
fortie , parée de tous fes charmes. Il falloit faire une JULIE imitable & digne
d'être imitée : la NOUVELLE HÉLOÏSE ,
au contraire , eft inimitable , & indigne

d'être imitée. Quel parti tirer donc d'un
semblable Livre ? Faut - il le suprimer ,
j'anéantir ? Ce seroit dommage ; je crois
que cet Esprit le prouvera. Faut - il en
recommander la lecture , & en faire le
Bréviaire de nos jeunes Filles ? encore
moins , quoiqu'il reste peu de précautions
à prendre à cet égard , le mal qui pouvoit être fait , l'étant à peu près. Il m'est
donc venu une idée , que je crois tenir un
juste milieu entre ces deux extrémités.
C'est d'en tirer l'extrait que je donne au
Public. J'ai imité , autant que j'en suis
capable , l'industrieuse Abeille, en me po-
sant sur toutes les fleurs qui émaillent ce
riche parterre , & qui ne sont rien moins
qu'également salutaires : j'ai pris soin de
n'en rien tirer qui ne pût entrer dans la

composition d'un miel pur & exquis. Si j'ai privilégié quelques pensées ou maximes, susceptibles de correctifs, j'ai eu l'attention d'y joindre ces correctifs. Le nombre de ces endroits n'est pas considérable. Cependant je n'adopte pas purement & simplement tout ce dont j'ai fait usage, mais il m'a suffi de n'y rien laisser, ou du moins de n'y rien apercevoir qui pût mener à des conséquences dangereuses. Dans cet état, je crois que l'Esprit de JULIE est, comme je l'ai qualifié au titre, un Ouvrage utile à la Société, & particuliérement à la Jeunesse.

L'ESPRIT

L'ESPRIT

DE JULIE.

L'ATTRAIT le plus puissant de deux beaux yeux, c'est l'union touchante d'une vive sensibilité & d'une douceur inaltérable ; c'est une pitié tendre à tous les maux d'autrui ; c'est cet esprit juste & ce goût exquis, qui tirent leur pureté de celle de l'ame ; ce sont, en un mot, les charmes des sentimens, bien plus que ceux de la personne.

* Qui ne peut se rendre heureux, peut au moins mériter de l'être.

* Les desirs vaincus sont la source

A

du vrai bonheur, & ils font jouir des plaifirs dignes du Ciel même.

* Dans l'âge de l'innocence, avec l'homme le plus vertueux, quand il eft aimable, il vaut mieux être deux filles qu'une.

* C'eft une fituation bien dangereufe que celle des jeunes filles qui font trop inftruites pour fe laiffer gouverner par d'autres, & ne le font pas affez pour fe gouverner elles-mêmes.

* Les filles fimples peuvent être honnêtes; mais elles le font moins que celles qui le font parce qu'elles veulent l'être. Quoi qu'on en puiffe dire, c'eft le moyen de l'être plus fûrement.

* Il ne fauroit y avoir d'honnêteté qui trahiffe l'amitié, la foi, la confiance. Chaque relation, chaque âge a fes maximes, fes devoirs, fes vertus, ce qui feroit prudence dans l'un, eft perfidie dans l'autre; & au lieu de rendre fage, on rend méchant, en confondant tout cela.

* On mérite de fuccomber, lorfqu'on s'impofe de périlleux devoirs.

* Quand l'efprit s'orne, la raifon s'éclaire, l'ame fe fortifie, le cœur jouit : que pourroit-il manquer au bonheur?

* Pour profiter d'un état aimable, il ne faut pas en négliger un meilleur. On perd tout le tems qu'on peut mieux employer.

* Un amour tendre & vrai doit favoir commander aux defirs.

* Si la raifon, d'ordinaire, eft plus foible, & s'éteint plutôt chez les femmes; elle eft auffi plutôt formée, comme un frêle tournefol croît & meurt avant un chêne.

* La fcience eft dans la plûpart de ceux qui la cultivent, une monnoye dont on fait grand cas, qui cependant n'ajoute au bien-être qu'autant qu'on la communique, & n'eft bonne que dans le commerce. Otez à nos Savans le plaifir de fe faire écouter, le favoir ne fera rien pour eux.

* Ceux qui veulent profiter de leurs connoiſſances, ne les amaſſent point pour les revendre, mais pour les convertir à leur uſage ; ni pour s'en charger, mais pour s'en nourrir. Peu lire & penſer beaucoup à ſes lectures, ou s'en entretenir avec des perſonnes ſenſées, eſt le moyen de les bien digérer.

* Quand on a une fois l'entendement ouvert par l'habitude de réfléchir, il vaut toujours mieux trouver de ſoi-même les choſes qu'on trouveroit dans les livres, c'eſt le vrai ſecret de les bien mouler à ſa tête, & de ſe les aproprier : au lieu qu'en les recevant telles qu'on nous les donne, c'eſt preſque toujours ſous une forme qui n'eſt pas la nôtre.

* Il y a cependant bien des gens à qui cette méthode ſeroit fort nuiſible, & qui ont beſoin de beaucoup lire, & peu méditer, parce qu'ayant la tête mal faite, ils ne raſſemblent rien de ſi

mauvais que ce qu'ils produifent d'eux-mêmes.

* Il faut faire peu de lectures, & les bien choifir. La grande erreur de ceux qui étudient, eft de fe fier trop à leurs livres, & de ne pas tirer affez de leur fond, fans fonger que de tous les Sophiftes notre propre raifon eft prefque toujours celui qui nous abufe le moins.

* Si-tôt qu'on veut rentrer en foi-même, chacun fent ce qui eft bien, chacun difcerne ce qui eft beau ; nous n'avons pas befoin qu'on nous aprenne à connoître ni l'un, ni l'autre, & l'on ne s'en impofe là-deffus qu'autant qu'on veut s'en impofer.

* Les éxemples du très-beau & du très-bon font plus rares & moins connus : il faut les aller chercher loin de nous. La vanité mefurant les forces de la nature fur notre foibleffe, nous fait regarder comme chimériques les qualités que nous ne fentons pas en nous-

mêmes ; la pareffe & le vice s'apuyent
fur cette prétendue impoffibilité ; & ce
qu'on ne voit pas tous les jours , l'homme foible prétend qu'on ne le voit jamais.

* Pour détruire cette erreur , il faut
s'accoutumer à voir & à fentir les grands
objets , afin de s'ôter tout prétexte à ne
les pas imiter. L'ame s'enflamme , le
cœur s'éléve à la contemplation de ces
divins modèles , à force de les confidérer , on cherche à leur devenir femblable , & l'on ne fouffre plus rien de
médiocre fans un dégoût mortel.

* N'allons pas chercher dans les livres des principes & des régles que nous
trouverons plus fûrement au-dedans de
nous. Laiffons-là toutes ces vaines dif-
putes des Philofophes fur le bonheur
& fur la vertu ; employons à nous
rendre bons & heureux le tems qu'ils
perdent à chercher comment on doit
l'être , & propofons - nous de grands
éxemples à imiter , plutôt que de vains
fyftêmes à fuivre.

* Le bon n'est que le beau mis en
action : l'un tient intimement à l'autre,
& ils ont tous deux une source commune dans une nature bien ordonnée.
Il s'enfuit de-là que le goût se per-
fectionne par les mêmes moyens que la
sagesse, & qu'une ame bien touchée des
charmes de la vertu, doit à proportion
être aussi sensible à tous les autres genres
de beautés.

* On s'éxerce à voir comme à sentir,
ou plutôt une vue exquise n'est qu'un
sentiment délicat & fin. C'est ainsi
qu'un peintre, à l'aspect d'un beau
paysage, ou devant un beau tableau,
s'extasie, à des objets qui ne sont
pas même remarqués du spectateur
vulgaire. Combien de choses qu'on
n'aperçoit que par sentiment, &
dont il est impossible de rendre raison !
Combien de ces je ne scais quoi, qui
reviennent si fréquemment ; & dont
le goût seul décide !

* Le goût est en quelque maniére

le microscope du jugement ; c'est lui qui met les petits objets à sa portée, & ses opérations commencent où s'arrétent celles du dernier. Que faut-il donc pour le cultiver ? S'éxercer à voir, ainsi qu'à sentir, & à juger du beau par sentiment.

* On dit que l'histoire la plus intéressante pour chacun est celle de son pays. Cela n'est pas vrai. Il y a des pays dont l'histoire ne peut pas même être lue, à moins qu'on ne soit imbécille, ou négociateur. L'histoire la plus intéressante est celle où l'on trouve le plus d'éxemples, de mœurs, de caractéres de toute espéce ; en un mot le plus d'instruction.

* Il y a des peuples sans physionomie auxquels il ne faut point de Peintre ? il y a des Gouvernemens sans caractére auxquels il ne faut point d'Historiens ; & si - tôt qu'on sait quelle place un homme occupe, on sait d'avance tout ce qu'il y fera. Dira-t'on que ce

font les bons hiftoriens qui manquent ? mais pourquoi ? Qu'il y ait matiére à de bonnes Hiftoires , & les bons Hiftoriens fe trouveront. Dira-t'on que les hommes de tous les tems fe reffemblent, qu'ils ont les mêmes ver- tus & les mêmes vices ; qu'on n'admire les anciens que parce qu'ils font anciens ? Cela n'eft pas fondé : car on faifoit au- trefois de grandes chofes avec de petits moyens, & l'on fait aujourd'hui tout le contraire. Les Anciens étoient contem- porains de leurs Hiftoriens , & nous ont pourtant apris à les admirer. Affu- rément , fi la poftérité jamais admire les nôtres, elle ne l'aura pas apris de nous (*).

_____

(*) *Il y a un peu d'humeur & de préjugé dans ces réfléxions. Tous les fiécles de l'Antiquité réunis n'ont peut-être rien à opofer aux évé- nemens de celui-ci ; point d'objet auffi intéreff- fant à offrir que celui de la guerre prefente ; point de Héros à mettre en parallele avec* FRE- DERIC.

* Les Poëtes & les Romans sont ordinairement les lectures consacrées au sexe. Aprend-on l'amour dans ces livres? Le cœur en dit bien plus qu'eux ; & le langage imité des livres est bien froid pour quiconque est passionné lui-même. D'ailleurs ces études énervent l'ame, la jettent dans la mollesse, & lui ôtent tout son ressort. Au contraire, l'amour véritable est un feu dévorant qui porte son ardeur dans les autres sentimens, & les anime d'une vigueur nouvelle. C'est pour cela que l'on a dit que l'amour faisoit des Héros.

* Le véritable amour n'ôte point le goût des choses honnêtes ; & celui qui en est possédé, sait encore dans la partie la plus sensible de son cœur faire des sacrifices à la vertu.

* De tous les agrémens qui peuvent prévenir en faveur de quelqu'un, le moins sujet au dégoût, est une belle ame. La droiture & l'honneur ornent tous les sentimens qu'ils accompagnent.

* Celui qui, dans le choix des objets defirables, place bien fa préférence, obtient comme Salomon, avec ce qu'il avoit demandé, encore ce qu'il ne demandoit pas.

* Les ames abjectes mettent l'honneur dans la richeffe, & péfent les vertus au poids de l'or. Mais un homme de bien ne met pas fon honneur dans ces baffes maximes ; & le préjugé même de la raifon eft en faveur du plus pauvre.

* Il n'eft jamais vil de recevoir de ce qu'on aime ; ce que le cœur donne ne fauroit déshonorer le cœur qui l'accepte. Un don honnête à faire eft toujours honnête à recevoir.

* Rien de plus méprifable qu'un homme dont on achéte le cœur & les foins, fi ce n'eft la femme qui les paye ; mais entre deux cœurs unis, la communauté de biens eft une juftice & un devoir.

* Une ame paifible eft peu propre à

juger des paſſions , & il eſt inſenſé de rire des ſentimens qu'on n'a point éprouvés.

* Les êtres les plus inſenſibles prennent quelquefois l'empire ſur nos paſſions les plus vives ; & la Philoſophie elle-même n'a pas autant de pouvoir ſur l'ame qu'une ſuite d'objets inanimés. C'eſt ce qu'un Voyageur éprouve dans certaines contrées , où la nature ſemble avoir voulu ſe mettre en opoſition avec elle-même , tant on la trouve différente en un même lieu ſous divers aſpects. Au levant , les fleurs du Printems ; au midi , les fruits de l'Automne ; au nord , les glaces de l'Hiver : elle réunit toutes les ſaiſons dans le même inſtant ; tous les climats dans le même lieu ; des terreins contraires ſur le même ſol ; & forme l'accord inconnu par-tout ailleurs des productions des plaines , & de celles des plus hautes montagnes. Ajoutez à tout cela les illuſions de l'optique , les pointes des monts différemment

éclairés , & tous les accidens de lumiére qui en réfultent le matin & le foir ;
vous aurez quelqu'idée des fcènes con-
tinuelles qui excitent l'admiration au
milieu d'un femblable théâtre , d'une fi
magnifique perfpective.

* En montant au fommet des montagnes les plus élevées , on atteint au
féjour plus ferein , d'où l'on voit ,
dans la faifon , le tonnerre & l'orage fe
former au-deffous de foi ; image trop
vaine de l'ame du Sage , dont l'éxemple n'éxifte jamais , ou n'éxifte qu'aux
mêmes lieux d'où l'on en a tiré l'em-
blême.

* C'eft une impreffion générale qu'é-
prouvent tous les hommes , quoiqu'ils
ne l'obfervent pas tous , que fur les
hautes montagnes où l'air eft pur & fub-
til , on fe fent plus de facilité dans la
refpiration , plus de legéreté dans le
corps , plus de férénité dans l'efprit ,
les plaifirs y font moins ardens , les paffions plus modérées. Les méditations

y prennent je ne fais quel caractére grand
& fublime , proportionné aux objets
qui nous frapent , je ne fais quelle volupté tranquille qui n'a rien de fenfuel.

* Il femble qu'en s'élevant au-deffus
du féjour des hommes , on y laiffe tous
les fentimens bas & terreftres , & qu'à
mefure qu'on aproche des régions éthé-
rées , l'ame contracte quelque chofe de
leur inaltérable pureté. On y eft grave
fans mélancolie , paifible fans indolen-
ce , content d'être & de penfer : tous
les defirs trop vifs s'émouffent : ils perdent cette pointe aigue qui les rend
douloureux , ils ne laiffent au fond du
cœur qu'une émotion legére & douce ,
& c'eft ainfi qu'un heureux climat fait
fervir à la félicité de l'homme les paffions qui font ailleurs fon tourment.
Des bains d'un tel air falutaire & bien-
faifant , feroient un des plus grands re-
médes de la Médecine & de la Morale.

* Dans ce qu'on apelle honneur , il

faut diſtinguer celui qui ſe tire de l'opinion publique, d'avec celui qui dérive de l'eſtime de ſoi-même. Le premier conſiſte en vains préjugés plus mobiles qu'une onde agitée ; le ſecond a ſa baſe dans les vérités éternelles de la Morale. L'honneur du monde peut être avantageux à la fortune ; mais il ne pénétre point dans l'ame & n'influe en rien ſur le vrai bonheur. L'honneur véritable, au contraire, en forme l'eſſence, parce qu'on ne trouve qu'en lui ce ſentiment permanent de ſatisfaction intérieure, qui ſeul peut rendre heureux un être penſant.

* Malheur à quiconque prêche une Morale qu'il ne veut pas pratiquer ! Celui qu'aveugle ſa paſſion juſqu'à ce point, en eſt bien-tòt puni par elle, & perd le goût des ſentimens auxquels il a ſacrifié ſon honneur.

* L'amour eſt privé de ſon plus grand charme, quand l'honnêteté l'abandonne ; pour en ſentir le prix, il

faut que le cœur s'y complaise , & qu'il
nous éléve en élevant l'objet aimé.
Otez l'idée de la perfection , vous ôtez
l'enthoufiafme ; ôtez l'eftime , & l'a-
mour n'eft plus rien.

* Le premier mouvement aux attaques vives eft de réfifter , & l'on demeure vainqueur tant que l'ennemi
avertit de prendre les armes. C'eft au
milieu du fommeil , c'eft dans le fein
d'un doux repos , qu'il faut fe défier des
furprifes.

* Ce qui rend le poids des maux in-
fuportable , c'eft leur continuité ; & l'a-
me réfifte bien plus aifément aux vives
douleurs qu'à la triftelle plongée. Les
actions héroïques le font moins que la
réfiftance à des peines fans relâche.

* C'eft un préfent fatal du Ciel qu'u-
ne ame fenfible ! Celui qui l'a reçu ,
doit s'attendre à n'avoir que peine &
douleur : le foleil ou les brouillards ,
l'air couvert ou ferein , régleront fa def-
tinée ; & il fera content ou trifte au gré
des

des vents. Victimes des préjugés, il trouvera dans d'absurdes maximes un obstacle invincible aux justes vœux de son cœur. Les hommes le puniront d'avoir des sentimens droits de chaque chose, & d'en juger par ce qui est véritable plutôt que par ce qui est convention. Il cherchera la félicité souveraine, sans se souvenir qu'il est homme : son cœur & sa raison seront incessamment en guerre, & des desirs sans borne lui prépareront d'éternelles privations. (*)

* Une fille bien née & bien élevée

(*) Il y a de l'équivoque dans tout cela, & il faut y aporter divers correctifs. L'Auteur décrit ici la sensibilité machinale, & même les travers de l'hypocondrie. En suivant de pareils guides, il est certain qu'on s'égare & qu'on s'attire mille maux. Mais la raison doit épurer la sensibilité, dompter ou affoiblir l'effet du tempérament, & alors l'homme sensible & raisonnable, trouve dans sa sensibilité même une source de plaisirs. Il ne desire que ce qu'il peut obtenir, & n'estime point absurdes des maximes utiles à la société qui l'empêchent de jouir en tout tems de tout ce qui excite sa cupidité.

B

paſſe ſa vie de la maniére la plus agréable & la mieux décente. Le matin elle ſort d'un paiſible ſommeil : ſon teint a la fraîcheur de la roſe, ſon ame jouit d'une douce paix ; elle offre à celui dont elle tient l'être, un jour qui ne ſera point perdu pour la vertu. Elle paſſe enſuite chez ſa mere ; les tendres affections de ſon cœur s'épanchent avec les Auteurs de ſes jours ; elle les ſoulage dans le détail des ſoins de la Maiſon ; elle lui adreſſe une exhortation ſecrette ; elle demande grace pour un autre ; elle occupe enſuite ſon ennui des travaux de ſon ſexe ; elle orne ſon ame de connoiſſances utiles ; elle ajoute à ſon goût exquis les agrémens des beaux arts, & ceux de la danſe à ſa legéreté naturelle. Une parure ſimple & élégante orne des traits où régnent la douceur & la ſérénité. Elle charme une honnête ſociété par ſes diſcours ſenſés & modeſtes ; quelquefois auſſi, en riant avec ſes compagnes, elle raméne une jeunesse folâtre au ton de la sagesse & des bonnes mœurs. Elle est en souci sur la peine ignorée d'une famille indigente ; elle s'occupe à secourir ou consoler la triste veuve & l'orphelin délaissé.

* Quand le vice a corrompu l'ame, le premier de ses effets est de nous faire accuser autrui de nos crimes.

Un instant d'égarement suffit pour perdre à jamais. Lorsqu'une fille tombe dans l'abîme de l'ignominie, elle n'en revient point ; & si elle vit, c'est pour être plus malheureuse.

* Les mauvaises maximes sont pires que les mauvaises actions. En effet, les passions déréglées inspirent les mauvaises actions ; mais les mauvaises maximes corrompent la raison même, & ne laissent plus de ressource pour revenir au bien.

* En cédant aux foiblesses de l'amour, on le prive de son plus grand charme. Le doux enchantement de ver-

B 2

tu s'évanouit comme un fonge ; les feux
réciproques perdent cette ardeur célef-
te , qui les animoit en les épurant : on
cherche le plaifir , & le bonheur s'enfuit. Il n'y a point de momens plus délicieux que ceux où deux cœurs s'unif-
fent d'autant mieux qu'ils fe refpectent
davantage , où la paffion tire de fon propre excès la force de fe vaincre elle-
même , où l'innocence confole de la
contrainte , où les hommages rendus à
l'honneur , tournent tous au profit de
l'amour.

  * C'eft le dernier degré de l'oprobre
de perdre avec l'innocence le fentiment
qui la faifoit aimer.

  * Toutes les grandes paffions fe for-
ment dans la folitude , on en a point de
femblables dans le monde , où nul objet n'a le tems de faire une profonde
impreffion , & où la multitude des goûts
énerve la force des fentimens.

  * Le cœur ne fe nourrit point dans le
tumulte du monde. Les faux plaifirs lui

rendent la privation des vrais plus amére, & il préfére la fouffrance à de vains dédommagemens.

* L'occafion de faire des heureux eft plus rare qu'on ne penfe, la punition de l'avoir manquée, eft de ne la plus retrouver; & l'ufage qu'on en fait, laiffe un fentiment éternel de contentement ou de repentir.

* Il y a une volupté cruelle qui endurcit aux maux d'autrui. Malheur à qui ne fait pas facrifier un jour de plaifir aux devoirs de l'humanité !

* Tel eft l'effet affuré des facrifices qu'on fait à la vertu; s'ils coûtent fouvent à faire, il eft toujours doux de les avoir faits, & l'on n'a jamais vû perfonne fe repentir d'une bonne action.

* Il y a un certain uniffon d'ames qui s'apperçoit au premier inftant, & qui produit bien-tôt la familiarité.

* Bien des gens font par tempérament ce qu'ils penfent être par Méthode; & le vernis ftoïque qu'ils mettent

à leurs actions , ne consiste qu'à parer de beaux raisonnemens le parti que le cœur leur a fait prendre.

* La politesse ordinaire est réservée , circonspecte , & se régle uniquement sur l'extérieur ; celle de l'humanité se pique moins de distinguer au premier coup d'œil les états & les rangs , & respecte en général tous les hommes.

* La privation des graces , est un défaut que les femmes pardonnent rarement aux hommes. Les plus sensées sont quelquefois femmes en ce point.

* Il y a des offres vagues , dont un air de puissance , & la facilité de les éluder, rendent souvent les Grands prodigues.

* La patience est amére ; mais son fruit est doux.

* On ne sauroit imaginer un modèle commun de perfection pour les deux sexes. L'attaque & la défense , l'audace des hommes, la pudeur des femmes , ne sont point des conventions, comme le pensent quelques Philosophes ; ce

font des inftitutions, dont il eft facile de
rendre raifon, & d'où fe déduifent aifément toutes les autres diftinctions morales, les modifications extérieures annoncent l'intention de l'ouvrier dans les
modifications de l'efprit. Une femme
parfaite & un homme parfait, ne doivent pas plus fe reffembler d'ame que
de vifage ; ces vaines imitations de fexe
font le comble de la déraifon ; elles
font rire le fage, & fuir les Amours. A
moins d'avoir cinq pieds & demi de haut,
une voix de baffe, & de la barbe au men-
ton, l'on ne doit point fe mêler d'être
homme (*).

* L'Amant qui loue dans l'objet aimé

(*) *Ceci tient encore du Sophifme. Il eft réel
que les ames n'ont point de fexe, qu'elles font
faites pour les mêmes connoiffances, & apellées
à la pratique des mêmes vertus. Les différences
font accidentelles ; elles viennent de l'éducation
& des ufages. Mais une femme judicieufe affo-
cie les vertus effentielles aux deux fexes avec
les bienféances du fien.*

des perfections imaginaires, les voir en effet tel qu'il les reprefente; il ne ment point, en difant des menfonges; il flatte fans s'avilir, & l'on peut au moins l'eftimer fans le croire.

* L'harmonie n'eft qu'un acceffoire éloigné dans la Mufique imitative ; il n'y a dans l'harmonie proprement dite aucun principe d'imitation. Elle affure, il eft vrai, les intonations; elle porte témoignage de leur jufteffe, & rendant les modulations plus fenfibles, elle ajoute de l'énergie à l'expreffion, & de la grace au chant. Mais c'eft de la feule mélodie que fort cette puiffance invincible des accens paffionnés, c'eft d'elle que dérive tout le pouvoir de la Mufique fur l'ame; formez les plus favantes fucceffions d'accords fans mêlange de mélodie, vous ferez ennuyé au bout d'un quart-d'heure. De beaux chants fans aucune harmonie, font long-tems à l'épreuve de l'ennui. Que l'accent du fentiment anime les chants les plus fimples:
ils

ils feront intéreffans. Au contraire, une mélodie qui ne parle point, chante toujours mal; & la feule harmonie n'a jamais rien fû dire au cœur. (*)

* La conduite d'un homme échauffé par le vin n'eft fouvent que l'effet de ce qui fe paffe au fond de fon cœur dans les autres tems.

* Tant de gens parlent d'amour, & fi peu favent aimer, que la plûpart prennent pour fes pures & douces loix les viles maximes d'un commerce abject, qui, bien-tôt affouvi de lui-même, a recours aux monftres de l'imagination, & fe déprave pour fe foutenir.

* Le véritable amour eft le plus chafte de tous les liens. La débauche & l'amour ne fauroient loger enfemble, & ne peuvent pas même fe compenfer. Le

(*) *Nous nous bornerons à cet échantillon d'une controverfe, dans laquelle M. J. J. R. a toujours montré beaucoup de chaleur, & qui n'eft rien moins que décidée.*

C

cœur fait le vrai bonheur quand on s'aime, & rien n'y peut supléer, fi-tôt qu'on
ne s'aime plus.

* Dans tout ce qui flatte les fens, l'a-
bus n'eft point inféparable de la jouiffance. La Philofophie n'eft ni affez vaine, ni affez cruelle, pour n'offrir d'autre moyen d'ufer modérément des choſes qui plaifent, que de s'en priver tout-à-
fait.

* Les vertus qu'on poſſéde réellement
ne fauroient périr fous les témoignages
d'un calomniateur. L'honneur du fage
n'eft point à la merci du premier brutal qu'il peut rencontrer.

* Les difcours d'un menteur ne deviennent point des vérités, fi-tôt qu'ils
font foutenus à la pointe de l'épée. Vertu, vice, honneur, infamie, vérité,
menfonge ; tout cela ne fauroit tirer fon
être de l'événement d'un combat.

Quel eft ce miférable honneur qui
ne craint pas le vice, mais le reproche,
& qui ne permet pas d'endurer d'un

autre un démenti reçu d'avance dans
fon propre cœur?

* Le folide honneur n'eft point varia-
ble; il ne dépend, ni des tems, ni des
lieux, ni des préjugés; il ne peut ni
paffer, ni renaître; il a fa fource éternelle dans le cœur de l'homme jufte &
dans la régle inaltérable de fes devoirs.

* Quiconque aime fincérement la
Vertu, doit aprendre à la fervir à fa
mode, & non à la mode des hommes.

* Si le Philofophe, fi le Sage, fe ré-
glent dans les plus grandes affaires de la
vie fur les difcours infenfés de la multitude, que fert tout cet apareil d'études pour n'être au fond qu'un homme
vulgaire?

* Il y a bien plus de lâcheté dans la
crainte d'être accufé de craindre la mort,
que dans celle de la mort même.

* Celui qui feint d'envifager la mort
fans effroi, ment. Tout homme craint de
mourir : c'eft la grande loi des êtres fenfibles, fans laquelle toute l'efpéce mor-

telle feroit bien-tôt détruite. Cette crainte eft un fimple mouvement de la Nature, non-feulement indifférent, mais bon en lui-même, & conforme à l'ordre. Tout ce qui la rend honteufe & blâmable, c'eft qu'elle peut nous empêcher de bien faire & de remplir nos devoirs. Si la lâcheté (*) n'étoit jamais un obftacle à la vertu, elle cefferoit d'être un vice.

* Celui qui s'eftime véritablement lui-même, eft peu fenfible à l'injufte mépris des autres, & ne craint que d'en être digne; car le bon & l'honnête ne dépendent point du jugement des hommes, mais de la nature des chofes. Quand toute la terre aprouveroit une action honteufe en foi, elle n'en demeureroit pas moins telle.

* Ce qui rend la modération péni-

(*) Cela ne peut s'entendre que relativement à la bravoure; car on attache au terme de lâcheté d'autres fens à l'égard defquels elle eft, & ne peut ceffer d'être vicieufe.

ble à un homme ordinaire, c'eft la difficulté de la foutenir dignement; c'eft la néceffité de ne commettre dans la fuite aucune action blâmable.

* Les hommes ombrageux & prompts à provoquer les autres, font pour la plûpart de très-malhonnêtes gens, qui, de peur qu'on n'ofe leur montrer ouvertement le mépris qu'on a pour eux, s'efforcent de couvrir de quelques affaires d'éclat l'infamie de leur vie intérieure.

* Tel fait un effort & fe prefente une fois au danger, pour avoir droit de fe cacher le refte de fa vie. Le vrai courage a plus de conftance & moins d'empreffement; il eft toujours ce qu'il doit être; il ne faut ni l'exciter, ni le retenir : l'homme de bien le porte par-tout avec lui; au combat contre l'ennemi; dans un cercle en faveur des abfens & de la vérité; dans fon lit contre les attaques de la douleur & de la mort. La force de l'ame qui l'infpire, eft d'ufage

C 3

dans tous les tems ; elle met toujours la vertu au-deſſus des événemens , & ne conſiſte pas à fraper de grands coups , mais à ne rien craindre.

* Celui qui cherche un péril inutile, n'eſt pas moins mépriſable que celui qui fuit un péril qu'il doit affronter.

* Celui qui va ſe battre de gaieté de cœur, eſt une bête féroce, qui s'efforce d'en déchirer une autre ; & s'il reſte le moindre ſentiment naturel dans leur ame , celui qui périt eſt moins à plaindre que le vainqueur.

* Les hommes accoutumés au ſang , ne bravent les remords qu'en étouffant la voix de la nature ; ils deviennent par dégrés cruels, inſenſibles ; ils ſe jouent de la vie des autres ; & la punition d'avoir pu manquer d'humanité, eſt de la perdre enfin tout-à-fait.

* Il y a des hommes qui croyent leur ame au-deſſus des paſſions , parce qu'ils en ont déja reſſenti quelqu'une qui ne

permet plus à d'autres de germer profondément. Ils prennent l'épuisement du cœur pour l'effort de la raison.

* On ne peut juger des ames extraordinaires sur les régles communes ; le bonheur n'est pour elles ni sur la même route, ni de la même espéce que celui des autres hommes.

* Tout est plein n de ces poltrons adroits, qui cherchent, comme on dit, à tâter leur homme, c'est-à-dire, à découvrir quelqu'un qui soit encore plus poltron qu'eux, & aux dépens duquel ils puissent se faire valoir.

* Jamais homme sans défaut eut-il de grandes vertus ? (*)

―――――――――――――

. (*) *Le tour saillant de cette pensée en impose ; mais elle est plus éblouissante que solide. On a des défauts, parce qu'on est homme : mais on n'a pas des vertus, parce qu'on a des défauts. Certains défauts sont le principe de qualités extraordinaires : mais plusieurs de ces qualités ne sont pas des vertus, ou ce qu'elles ont de vertueux, bien loin de devenir des défauts auxquels elles tiennent, est altéré par eux.*

* La Nobleſſe, vaine prérogative. La véritable nobleſſe n'eſt point écrite d'encre en de vieux parchemins ; elle eſt gravée au fond du cœur en caractéres ineffaçables.

* Combien de grands noms retomberoient dans l'oubli , ſi l'on ne tenoit compte que de ceux qui ont commencé par un homme eſtimable !

* Dans les paſſions véhémentes & compliquées , les mouvemens opoſés s'entredétruiſent. Une ſorte de ſtupidité rend l'ame preſque inſenſible , & ne laiſſe l'uſage ni des paſſions , ni de la raiſon.

* La voix d'un ami peut donner une grande chaleur aux raiſonnemens d'un Sage.

* Dans un moment où l'épreuve ſe prépare au dehors , on ne reçoit jamais de mal que de ſoi-même ; & le Sage, ſe portant par-tout avec lui, porte auſſi par-tout ſon repos & ſon bonheur.

* Le penſer mâle des ames fortes

leur donne un idiôme particulier ; & les ames communes n'ont pas la Grammaire de cette langue.

* On doit être humilié quand on a contracté des habitudes qui forcent aux précautions les plus gênantes.

* Quoique l'usage ordinaire soit d'annoncer par degrés les tristes nouvelles, il y a des imaginations fougueuses, qui sur un mot portent tout à l'extrême, avec lesquelles il vaut mieux suivre une route contraire, en les accablant d'abord, pour leur ménager ensuite des adoucissemens.

* L'idée de la mort de ce qu'on aime est si affreuse, qu'il n'y en a point qui ne soit douce à lui substituer.

* On n'a pas tout perdu sur la terre, quand on y retrouve un fidèle ami.

* En observant les premiers symptômes d'un transport de passion, on ne sauroit dire quel en sera l'effet & le terme ; cela dépend d'une combinaison du caractére de l'homme, du genre de sa

paſſion, des circonſtances qui peuvent naître, de mille choſes que nulle prudence humaine ne ſauroit déterminer.

* L'ame ne peut guére s'occuper long-tems & fortement d'un objet, ſans contraćter de diſpoſitions qui s'y raportent.

* La ſublime raiſo ne ſe ſoutient que par la même vigueur de l'ame, qui fait les grandes paſſions (*).

* Il faut s'intéreſſer pour les malheureux, non par un ſimple ſentiment de commiſération, qui peut n'être qu'une

---

(*) *Je croirois au contraire que le feu ou la vivacité d'où naiſſent les grandes paſſions, & la force ou la ſolidité qui caraćtériſe la raiſon, ſont deux principes opoſés, incompatibles, & qui ſe diſputent l'empire de notre ame. On peut dire, à la vérité, que les ames communes ne ſont ſuſceptibles, ni de ce feu, ni de cette force: mais quoi! n'y a-t'il pas des gens d'un eſprit très-borné, & d'une raiſon très-ſuperficielle, en qui les paſſions parviennent au comble de leur impétuoſité La ſublime raiſon tient à l'entendement: la fougue des paſſions aux ſens & à l'imagination.*

foibleſſe ; mais par la conſidération de
la juſtice & de l'ordre, qui veulent que
chacun ſoit placé de la maniére la
plus avantageuſe à lui-même & à la Société.

* La diverſité d'état & de fortune
s'éclipſe & ſe confond dans le mariage, elle ne fait rien au bonheur ;
mais celle de caractére & d'humeur
reſte, & c'eſt par elle qu'on eſt heureux ou malheureux. L'enfant qui n'a
de régle que l'amour, choiſit mal ; le
pere qui n'a de régle que l'opinion,
choiſit plus mal encore.

* Une union qu'a formé la ſageſſe,
doit croître avec l'âge, & durer autant
qu'elle. Heureux ceux que l'amour aſ-
ſortit comme auroit fait la raiſon ?

* Un cœur malade ne peut guére
écouter la raiſon que par l'organe du
ſentiment.

* On peut vivre beaucoup en peu
d'années, & acquérir une grande expérience à ſes dépens : c'eſt alors le che-

min des paffions qui conduit à la Philofophie.

* Il y a des ames affez reffemblantes
pour n'avoir aucun caractére marqué,
dont on puiffe au premier coup d'œil
affigner les différences ; & cet embarras de les définir les fait prendre
pour des ames communes, par un
obfervateur fuperficiel. Mais c'eft cela
même qui les diftingue, qu'il eft impoffible de les diftinguer, & que les
traits du modèle commun dans quelqu'un manque toujours à chaque individu, brillent tous également en elles.
Ainfi chaque épreuve d'une eftampe a
fes défauts particuliers, qui lui fervent
de caractére ; & s'il en vient une qui
foit parfaite, il faut la confidérer long-
tems pour la reconnoître.

* Quand l'amour s'eft infinué trop
avant dans la fubftance de l'ame, on
ne peut plus l'en chaffer, il en renfor-
ce & pénétre tous les traits, comme
une eau forte & corrofive.

* L'aprobation publique peut être incessamment démentie par le cri de la conscience. Alors on est honoré & méprisable. Il vaut mieux être méprisé, ou du moins oublié, & vertueux.

* Un cœur foible, & flottant entre des passions contraires, n'a plus que le choix de ses fautes. S'il vient par hazard à prendre le meilleur parti, la vertu ne l'a point guidé, & il n'en a pas moins de remords.

* Quand il s'agit de prudence, l'amitié vient au secours d'une ame agitée ; s'il faut choisir le bien ou le mal, la passion qui les méconnoît peut se taire devant un conseil désintéressé.

* On peut résister à tout, hors à la bienveillance : il n'y a point de moyen plus sûr d'acquérir l'affection des autres, que de leur donner la sienne.

* Les ames d'une trempe supérieure transforment, pour ainsi dire, les autres en elles-mêmes ; elles ont une sphére d'activité, dans laquelle rien ne leur ré-

fiste ; on ne peut les connoître fans vouloir les imiter , & de leur fublime élévation, elles attirent à elles tout ce qui les
environne. De telles ames ne connoiffent
jamais bien les hommes ; elles les voyent
plutôt comme elles les font, que comme
ils font d'eux-mêmes.

* Qu'eft-ce qui rend les amitiés fi
tiédes & fi peu durables entre les
femmes, entre celles mêmes qui fauroient aimer ? Ce font les intérêts de
l'amour ; c'eft l'empire de la beauté ;
c'eft la jaloufie des conquêtes.

* Il n'y a point d'afyle sûr que celui
où l'on peut échaper à la honte & au
repentir.

* C'eft être déja coupable que de
vouloir aller jufqu'au point où l'on commence à le devenir ; & l'on ne cherche
pas fcrupuleufement le terme de fes devoirs, quand on n'eft point tenté de
le paffer.

* Il y a fouvent plus de ftupidité que
de courage dans une conftance aparen-

te ; le vulgaire ne connoît point de vio-
lentes douleurs, & les grandes paſſions ne
germent guére chez les hommesfoibles.

* La fauſſe Philoſophie eſt un langage trompeur qui ne conſiſte qu'en vains
diſcours ; c'eſt un fantôme , une ombre,
qui nous excite à menacer de loin les
paſſions , & nous laiſſe comme un faux
brave à leur aproche.

* Si l'on veut ſavoir laquelle eſt vraiment déſirable , de la fortune , ou de la
vertu , il n'y a qu'à ſonger à celle que
le cœur préfére quand ſon choix eſt
impartial. Charme inconcevable de la
beauté qui ne périt point! ce ne ſont pas
les vicieux au faîte des honneurs, dans le
ſein des plaiſirs , qui font envie ; ce ſont les
vertueux infortunés , & l'on ſent au fond
de ſon cœur la félicité réelle que cou-
vroient leurs maux aparens. Ce ſentiment eſt commun à tous les hommes ,
& ſouvent même en dépit d'eux. Ce
divin modéle que chacun porte en lui ,
nous enchante malgré que nous en

ayons ; fi-tôt que la paffion nous permet de le voir, nous lui voulons reffembler. Si le plus méchant des hommes pouvoit être un autre que lui-même, il voudroit être un homme de bien.

* Les vertus privées font fouvent
d'autant plus fublimes qu'elles n'afpi-
rent point à l'aprobation d'autrui, mais
feulement au bon témoignage de foi-
même. La confcience du jufte lui tient
lieu des louanges de l'Univers. La
grandeur de l'homme apartient à tous
les états, & nul ne peut être heureux,
s'il ne jouit de fa propre eftime ; car fi
la véritable jouiffance de l'ame eft dans
la contemplation du beau, comment
le méchant peut-il l'aimer dans autrui,
fans être forcé de fe haïr lui-même ?

* Les fens & les plaifirs groffiers font
des piéges peu dangereux pour un cœur
fenfible, & il lui en faut de plus déli-
cats. Ce qui eft à craindre pour lui,
ce font les maximes & les leçons du
monde ; c'eft la force terrible de l'éxemple

ple univerfel & continuel du vice : ce
font les fophifmes adroits dont il fe
colore.

* Une réfléxion qui doit l'empor-
ter fur la fauffe raifon du vice , fur les
fiéres erreurs des infenfés , & qui doit
fuffire pour diriger au bien la vie de
l'homme fage , c'eft que la fource du
bonheur n'eft toute entiére , ni dans
l'objet defiré , dans le cœur qui le pof-
féde , mais dans le raport de l'un &
de l'autre ; & que , comme tous les
objets de nos defirs ne font pas propres
à produire la félicité , tous les états du
cœur ne font pas propres à la fentir. Si
l'ame la plus pure ne fuffit pas feule à
fon propre bonheur , il eft plus fûr encore que toutes les délices de la terre
ne fauroient faire celui d'un cœur dé-
pravé ; car il y a des deux côtés une
préparation néceffaire , un certain concours , dont réfulte ce précieux fentiment recherché de tout être fenfible ,
& toujours ignoré du faux Sage , qui

D

s'arrête au plaisir du moment , faute de
connoître un bonheur durable.

* Que serviroit donc d'acquérir un
de ces avantages aux dépens de l'autre ,
de gagner au-dehors pour perdre encore plus au-dedans , & de se procurer
les moyens d'être heureux , en perdant
l'art de les employer ? Ne vaut-il pas
mieux encore , si l'on ne peut avoir
qu'un d'eux , sacrifier celui que le sort
peut rendre à celui qu'on ne recouvre
point , quand on l'a perdu ?

* Comment jouir d'un bien dont on
a perdu le goût ? Pour pouvoir posséder
ce qu'on aime , il faut garder le même
cœur qui l'a aimé.

* Les ames humaines veulent être
accouplées pour valoir tout leur prix ,
& la force unie des amis , comme celle
des lames d'un aimant artificiel , est
incomparablement plus grande que la
somme de leurs forces particuliéres. Divine amitié , c'est là ton triomphe !
Mais qu'est-ce que la seule amitié au-

près de cette union parfaite', qui joint
toute l'énergie de l'amitié des liens
cens fois plus sacrés ?

* Les premiers besoins, ou du moins
les plus sensibles, sont ceux d'un cœur
bienfaisant ; & tant que quelqu'un manque du nécessaire, quel honnête homme a du superflu ?

* L'homme de bien entre avec une
secrette horreur dans le vaste desert du
grand nombre. Ce chaos ne lui offre
qu'une solitude affreuse, où régne un
morne silence. Son ame à la presse cherche à s'y répandre, & se trouve par-
tout resserrée. Il n'est seul que dans la
foule ; son cœur voudroit parler, il sent
qu'il n'est point écouté ; il voudroit ré-
pondre, on ne lui dit rien qui aille jusqu'à lui. Il n'entend point la langue du
pays, & personne n'entend la sienne.

* Le moyen d'être aussi-tôt l'ami de
quelqu'un qu'on n'a jamais vû ! L'honnête intérêt de l'humanité, l'épanchement simple & touchant d'une ame fran-

che, ont un langage bien différent des
fausses démonstrations de la politesse,
& des dehors trompeurs que l'usage du
monde éxige. Il est bien à craindre que
celui qui dès la première vue, vous traite comme un ami de vingt ans, ne vous
traite au bout de vingt ans, comme un inconnu, si vous avez quelque service im-
portant à lui demander. Quand on voit
des hommes dissipés prendre un intérêt
si tendre à tant de gens, on présume vo-
lontiers qu'ils n'en prennent à personne.

* Le vrai ton de la bonne conversation est coulant & naturel; il n'est ni
pesant, ni frivole ; il est savant sans pé-
danterie, gai sans tumulte, poli sans
affectation, galant sans fadeur, badin
sans équivoque. Ce ne sont, ni des dis-
sertations, ni des épigrammes ; on y
raisonne sans argumenter ; on y plai-
sante sans jeux des mots; on y asso-
cie avec art l'esprit & la raison, les
maximes & les saillies, l'ingénieuse
raillerie & la morale austère. On y par-

le de tout pour que chacun ait quelque chofe à dire ; on n'aprofondit point
les queftions de peur d'ennuyer ; on les
propofe comme en paffant , on les traite avec rapidité , la précifion mene à
l'élégance ; chacun dit fon avis , & l'a-
puye en peu de mots ; nul n'attaque avec
chaleur celui d'autrui ; nul ne défend
opiniâtrément le fien ; on difpute pour
s'éclairer , on s'arrête avant la difpute ;
chacun s'inftruit , chacun s'amufe , tous
s'en vont contens ; & le Sage même
peut raporter de fes entretiens des fujets
dignes d'être médités en filence.

* Dans les grandes Villes il y a des
coteries où un petit nombre d'hommes
& de femmes penfent pour tous les autres , & tous les autres parlent & agif-
fent pour eux. Comme chacun y fonge
à fes intérêts , & perfonne au bien commun, & que les intérêts particuliers font
toujours opofés entr'eux , c'eft un choc
perpétuel de brigues & de cabales , un
flux & reflux de préjugés , d'opinions

contraires , où les plus échauffés , ani-
més par les autres , ne favent prefque
jamais de quoi il eft queftion. Souvent
même chaque coterie a fes régles , fes
jugemens , fes principes , qui ne font
point admis ailleurs. Le bon , le mauvais , le beau , le laid , la vérité , la
vertu , n'ont qu'une éxiftence locale &
circonfcrite.

＊ Le monde admet des principes
pour la converfation , & d'autres pour
la pratique ; leur opofition ne fcanda-
life perfonne , & l'on eft convenu qu'ils
ne fe raffembleroient point entr'eux.
On n'éxige pas même d'un Auteur ,
fur-tout d'un Moralifte , qu'il parle
comme fes Livres , ni qu'il agiffe comme il parle. Ses écrits , fes difcours , fa
conduite , font trois chofes toutes différentes qu'il n'eft point obligé de concilier. En un mot , tout eft abfurde , &
rien ne choque , parce qu'on y eft ac-
coutumé ; & il y a même à cette in-
conféquence une forte de bon air dont

bien des gens se font honneur.

* Les hommes à qui l'on parle, ne font point ceux avec qui l'on converse ; leurs sentimens ne partent point de leur cœur, leurs lumiéres ne font point dans leur esprit, leurs discours ne represen‑tent point leurs pensées, on n'aperçoit d'eux que leur figure ; & l'on est dans une assemblée à peu près comme de‑vant un tableau mouvant, où le spec‑tateur paisible est le seul être mû par lui‑même.

* L'union des cœurs fait leur véri‑table félicité ; leur attraction ne connoît point la loi des distances, ils se touche‑roient aux deux bouts du monde.

* C'est l'union des ames qui les ani‑me : le plaisir qu'on donne à ce qu'on aime, fait valoir celui qu'il nous rend.

* Tout observateur qui se pique d'es‑prit, est suspect. Sans y songer, il peut sacrifier la vérité des choses à l'é‑clat des pensées, & faire jouer sa phrase aux dépens de la justice.

* Il y a une gentilleffe de ftyle qui n'étant point naturelle, ne vient d'elle-même à perfonne, & marque la prétention de celui qui s'en fert.

* Le meilleur mariage expofe à des hazards; & comme une eau pure & calme commence à fe troubler aux aproches de l'orage, un cœur timide & chafte ne voit point fans quelque allarme le prochain changement de fon fort.

* Les paffions impétueufes rendent les hommes enfans. Un amour forcené fe nourrit aifément de chiméres, & il eft aifé de donner le change à des defirs extrêmes par les plus frivoles objets.

* Il n'y a qu'un Géométre & un fot qui puiffent parler fans figures.

* Un même jugement eft fufceptible de cent degrés différens. Comment déterminer celui de fes degrés qu'il doit avoir : finon, par le tour qu'on lui donne ?

* Il

* Il y peu de phrafes qu'on ne puiffe rendre abfurdes en les ifolant. Cette manœuvre a toujours été le talent des Critiques fubalternes, ou envieux.

* Les Capitales différent moins entr'elles que les Peuples ; les caractéres nationnaux s'y effacent & fe confondent en grande partie, tant à caufe de l'influence commune des Cours qui fe reffemblent toutes, que par l'effet commun d'une Société nombreufe & refferrée, qui eft le même à peu près fur tous les hommes, & l'emporte à la fin fur le caractére originel.

* Si l'on veut étudier un peuple, c'eft dans les Provinces reculées où les hommes ont encore leurs inclinations naturelles, qu'il faut aller les obferver. En parcourant lentement & avec foin plufieurs de ces Provinces les plus éloignées les unes des autres, toutes leurs différences donnent le génie particulier de chacune : tout ce qu'elles ont de commun & que n'ont pas les autres,

E

forme le génie nationnal ; & ce qui se trouve par-tout apartient en général à l'homme.

* C'est un des miracles de l'amour de faire trouver du plaisir à souffrir ; de vrais Amans regarderoient comme le pire des malheurs un état d'indifférence & d'oubli qui leur ôteroit le sentiment de leurs peines.

* L'étude du monde est remplie de difficultés, & l'on ne sait pas trop quelle place il faut occuper pour le bien connoître. Le Philosophe en est trop loin, l'homme du monde en est trop près. L'un voit trop pour réfléchir, l'autre trop peu pour juger du tableau total. Chaque objet qui frape le Philosophe, il le considère à part, & n'en pouvant discerner les liaisons ni les raports avec d'autres objets qui sont hors de sa portée, il ne le voit jamais à sa place, & n'en sent ni la raison, ni les vrais effets. L'homme du monde voit tout, & n'a le tems de penser à rien. La mobilité des

objets ne lui permet que de les apercevoir & non de les obferver ; ils s'effacent mutuellement avec rapidité , & il ne lui refte du tout que des impreffions confufes qui reffemblent au chaos.

* On ne peut pas non plus voir & méditer alternativement , parce que le fpectacle éxige une continuité d'attention , qui interrompt la réfléxion. Un homme qui voudroit divifer fon tems par intervalles , entre le monde & la folitude , toujours agité dans fa retraite , & toujours étranger dans le monde , ne feroit bien nulle part. Il n'y auroit d'autre moyen que de partager fa vie en deux grands efpaces , l'un pour voir , l'autre pour réfléchir. Mais cela même eft prefque impoffible ; car la raifon n'eft pas un meuble qu'on pofe & qu'on reprenne à fon gré ; & quiconque a pu vivre dix ans fans penfer , ne penfera de fa vie.

* C'eft encore une folie de vouloir étudier le monde en fimple fpectateur. Celui qui ne prétend qu'obferver , n'ob-

E 2

serve rien ; parce qu'étant inutile dans les affaires , & importun dans les plaisirs ; il n'est admis nulle part. On ne voit agir les autres qu'autant qu'on agit soi-même , dans l'école du monde comme dans celle de l'amour , il faut commencer par pratiquer ce qu'on veut aprendre.

* Tout homme oisif qui veut voir le monde , doit en prendre les maniéres , au moins jusqu'à un certain point ; car de quel droit éxigeroit-on d'être admis parmi des gens à qui l'on n'est bon à rien , & à qui l'on n'auroit pas l'art de plaire ? Un tel homme doit donc s'éxercer autant qu'il est possible à devenir poli sans fausseté , complaisant sans bassesse , & à prendre si bien ce qu'il y a de bon dans la société, qu'il puisse y avoir été souffert sans en adopter les vices.

* La Satyre a peu de cours dans les grandes Villes, où ce qui n'est que mal est si simple , que ce n'est pas la peine d'en parler. Que reste-t'il à blâmer où la vertu n'est plus est aimée ? & de quoi

médiroit-on, quand on ne trouve plus
de mal à rien ? Mais malheur à qui prête le flanc au ridicule ! sa cauſtique em-
preinte eſt ineffaçable.

Dans les mêmes ſociétés, hommes
& femmes, tous inſtruits par l'expérience du monde, & ſur-tout par leur conſcience, ſe réuniſſent pour penſer de leur
eſpéce auſſi mal qu'il eſt poſſible, toujours philoſophant triſtement, toujours
dégradant par vanité la nature humaine,
toujours cherchant dans quelque vice la
cauſe de tout ce qui ſe fait de bien, toujours d'après leur propre cœur médiſant
du cœur de l'homme.

* Les gens du monde parlent beaucoup de ſentiment, mais il ne faut pas
entendre par-là un épanchement affec-
tueux dans le ſein de l'amour ou de l'a-
mitié. C'eſt le ſentiment mis en grandes maximes générales, & quinteſſen-
cié par tout ce que la Métaphyſique a
de plus ſubtil. Ce ſont des raffinemens
inconcevables. Il en eſt du ſentiment

chez eux , comme d'Homére chez les
Pédans , qui lui forgent mille beautés
chimériques , faute d'apercevoir les véritables. De cette maniére on dépenfe
tout le fentiment en efprit ; & il s'en
éxale tant dans le difcours , qu'il n'en
refte plus pour la pratique.

* La bienféance fuplée au fentiment ;
on fait par ufage à peu près les mêmes
chofes qu'on feroit par fenfibilité : du
moins tant qu'il n'en coûte que des formules , & quelques gênes paffagéres
qu'on s'impofe pour faire bien parler de
foi ; car , quand les facrifices vont jufqu'à gêner trop long-tems , ou à coû-
ter trop cher , adieu le fentiment , la
bienféance n'en éxige pas jufques-là.

* Tout eft compaffé , mefuré , pefé
dans ce qu'on apelle des procédés : tout
ce qui n'eft plus dans les fentimens ,
les hommes du monde l'ont mis en régle
parmi eux. Nul n'ofe être lui-même.
Il faut faire comme les autres ; c'eft la
première maxime de la fageffe. *Cela*

se fait, cela ne se fait pas : voilà la déci-
sion suprême.

* Ces régles ainsi établies, tout le
monde fait à la fois la même chose dans
les mêmes circonstances. Tout va par
tems comme les évolutions d'un Régi-
ment en bataille : vous diriez que ce sont
autant de marionnettes, clouées sur la
même planche & attachées au même fil.

* De quel usage sont les Tragédies
modernes au Peuple qui les voit repre-
senter ? Que lui importe Pompée ou
Sertorius ? Les tragédies des Grecs rou-
loient sur des événemens réels, ou ré-
putés tels par les Spectateurs, & fondés
sur des Traditions historiques. Mais que
fait une flamme héroïque & pure dans
l'ame des Grands ? Ne diroit-on pas
que les combats de l'amour & de la
vertu, leur donnent souvent de mauvaises nuits, & que le cœur a beaucoup
à faire dans les mariages des Rois? Qu'on
juge de la vraisemblance & de l'utilité
de tant de Piéces qui roulent sur ce chi-
mérique sujet !   E 4

* La Comédie doit représenter au na=
turel les mœurs du Peuple pour lequel
elle est faite, afin qu'il s'y corrige de
ses vices & de ses défauts, comme on
ôte devant un miroir les taches de son
visage. Térence & Plaute se trompérent
dans leur objet ; mais avant eux Aris-
tophane & Ménandre avoient exposé aux
Athéniens les mœurs Athéniennes, &
depuis, le seul Moliére peignit encore
plus naïvement celles des François du
siécle dernier à leurs propres yeux. Le
Tableau a changé, mais il n'est plus
revenu de Peintre.

* Maintenant on copie au Théâtre les
conversations d'une centaine de Mai-
sons de Paris. Il y a dans cette grande
Ville cinq ou six cens mille ames dont
il n'est jamais question sur la scène. Moliére osa peindre des bourgeois & des
artisans, aussi-bien que des Marquis.
Socrate faisoit parler des Cochers, Me-
nuisiers, Cordonniers, Maçons. Mais
les Auteurs d'aujourd'hui, qui font des

gens d'un autre air, se croiroient désho-
norés , s'ils savoient ce qui se passe au
comptoir d'un Marchand , ou dans la
boutique d'un Ouvrier ; & ils cherchent
dans le rang de leurs personnages l'é-
lévation qu'ils ne peuvent tirer de leur
génie.

＊ En général il y a beaucoup de discours & peu d'action sur la Scène Fran-
çoise. Tout se passe en beaux Dialogues
bien agencés , bien ronflans , où l'on
voit d'abord que le premier soin de
chaque interlocuteur , est toujours
celui de briller. Presque tout s'énonce
en maximes générales ; & le *je* est
presque aussi scrupuleusement banni du
Théâtre que des Ecrits de Port-Royal.

＊ Les situations les plus vives ne font
jamais oublier à l'Auteur un bel arrangement de phrases , ni même des atti-
tudes élégantes. Si le désespoir lui plon-
ge un poignard dans le cœur , non content d'observer la décence en tombant,
il ne tombe point : la décence le main-

tient debout après sa mort ; & tous ceux qui viennent d'expirer, s'en retournent l'inftant d'après fur leurs jambes.

* L'honnête homme du monde n'eft point celui qui fait de bonnes actions, mais celui qui dit de belles chofes ; & un feul propos inconfidéré, lâché fans réfléxion, peut faire à celui qui le tient un tort irréparable, que n'effaceroient pas quarante ans d'intégrité. Auffi, quoique les œuvres des hommes ne reffemblent guére à leurs difcours! on ne les peint que par leurs difcours, fans avoir égard à leurs œuvres.

* Les gens imbus des maximes du monde prétendent qu'il n'y a que le demi-Philofophe qui regarde à la réalité des chofes ; que le vrai Sage ne les confidére que par les aparences : qu'il doit prendre les préjugés pour principes, les bienféances pour loix, & que la plus fublime fageffe confifte à vivre comme les foux.

* Une femme vertueufe ne doit pas

feulement mériter l'estime de son mari ; mais l'obtenir : s'il la blâme , elle est blâmable : & fût - elle innocente , elle a tort , si-tôt qu'elle est soupçonnée ; car les aparences même sont au nombre de ses devoirs.

* La meilleure maniére de juger de ses lectures , est de sonder les dispositions où elles laissent l'ame. Quelle sorte de bonté pourroit avoir un Livre qui ne porte point ses Lecteurs au bien ?

* La vérité qui blâme est plus honorable que la vérité qui loue : car la louange ne sert qu'à corrompre ceux qui la goûtent , & les plus indignes en sont toujours les plus affamés ; mais la censure est utile , & le mérite seul la fait suporter.

* Les Parisiennes se mettent si bien , ou du moins, elles en ont tellement la réputation, qu'elles servent en cela comme en tout de modèle au reste de l'Europe. En effet , on ne peut employer avec plus de goût un habillement plus

bizarre. Elles font de toutes les femmes les moins afiervies à leur propre mode. La mode domine les Pro-
vinciales, mais les Parifiennes dominent
la mode, & la favent plier, chacune à
fon avantage. Les premiéres font comme des Copiftes ignorans & ferviles,
qui copient jufqu'aux fautes d'orthogra-
phe: les autres font des Auteurs qui copient en maîtres, & favent rétablir les
mauvaifes leçons.

* L'Opéra de Paris paffe à Paris pour
le Spectacle le plus pompeux, le plus
voluptueux, le plus admirable, qu'in-
venta jamais l'art humain. C'eft, dit-
on, le plus fuperbe monument de la
magnificence de Louis XIV. On y repréfente en effet à grands frais, non-feulement toutes les merveilles de la nature, mais beaucoup d'autres merveilles
bien grandes, que perfonne n'a jamais
vues; & fûrement Pope a voulu défi-
gner ce bizarre théâtre par celui où il
dit qu'on voit pêle-mêle des Dieux,

des Lutins, des Monſtres, des Rois,
des Bergers, des Fées, de la fureur,
de la joie, un feu, une gigue, une bataille, & un bal. La Bruyére ne con-
cevoit pas comment un ſpectacle auſſi
ſuperbe que l'Opéra pouvoit l'ennuyer
à ſi grands frais. Cela n'eſt pourtant
pas difficile à concevoir pour tout homme qui n'eſt pas dépouvû du goût des
beaux Arts. La Muſique Françoiſe, la
Danſe, & le merveilleux enſemble, feront toujours de l'Opéra de Paris le plus
ennuyeux Spectacle qui puiſſe éxiſter.(*)

   * La premiére maxime qui introduit
le vice dans une ame bien née, c'eſt
celle qui étouffe la voix de la conſcience par la clameur publique, & réprime
l'audace de bien faire par la crainte du
blâme. Tel vaincroit les tentations qui

(*) *Encore une des thèſes particuliéres &*
favorites de M. R. Nous en laiſſons la déci-
ſion aux Connoiſſeurs.

succombe aux mauvais exemples ; tel rougit d'être modeste , & devient effronté par honte , & cette mauvaise honte corrompt plus de cœurs honnêtes, que les mauvaises inclinations. La crainte du ridicule domine : on braveroit plutôt cent périls qu'une raillerie. Qu'est-ce que cette répugnance qui met un prix aux railleries de gens , dont l'estime ne peut en voir aucun ?

* Il y a des objets si odieux qu'il n'est pas même permis à l'homme d'honneur de les voir. L'indignation de la vertu ne peut suporter le spectacle du vice. Le Sage observe le désordre public qu'il ne peut arrêter , il l'observe, & montre sur son visage attristé la douleur qu'il lui cause ; mais quant aux désordres particuliers, il s'y opose, ou en détourne les yeux, de peur qu'ils ne s'autorisent de sa présence.

* Dans l'absence ou le célibat, il ne faut point à l'honnête homme des res-

sources dont l'honnête femme n'a pas besoin. Les deux sexes ne font pas sur ce
point de natures différentes.

* Si vous voulez étudier le monde,
fréquentez les gens sensés, qui le con-
noissent par une longue expérience &
de paisibles observations, non de jeunes
étourdis, qui n'en voyent que la super-
ficie, & des ridicules qu'ils font eux-
mêmes.

* C'est dans les apartemens dorés
qu'un Ecolier va prendre les airs du
monde ; mais le Sage en aprend les
mystéres dans la chaumiére du pauvre.
C'est là qu'on voit sensiblement les
obscures manœuvres du vice. C'est là
qu'on s'instruit par quelques iniquités
secrettes. Le puissant & le riche arrachent un reste de pain noir à l'oprimé
qu'ils feignent de plaindre en public.

* Ce n'est pas d'argent seulement
qu'ont besoin les infortunés ; & il n'y a
que les paresseux de bien faire qui ne
fachent faire du bien que la bourse à la

main. Les confolations, les confeils, les foins, les amis, la protection, font autant de reffources que la commifération laiffe au défaut des richeffes, pour le foulagement de l'indigent.

* Quiconque veut être homme en effet, doit favoir redefcendre. L'humanité coule comme une eau pure & falutaire, & va fertilifer les lieux bas : elle cherche toujours le niveau, elle laiffe à fec ces roches arides qui menacent la campagne, & ne donnent qu'une ombre nuifible, où des éclats pour écrafer leurs voifins.

* Comme l'efprit s'étrécit à mefure que l'ame fe corrompt, on fent bien-tôt au contraire, combien l'éxercice des fublimes vertus éleve & nourrit le génie ; combien un tendre intérêt aux malheurs d'autrui fert à mieux en trouver la fource, & à nous éloigner en tous fens des vices qui les ont produits.

* Le parti le plus honnête eft toujours le plus fage. Il n'y a point de

route

route plus sûre pour aller au bonheur que celle de la vertu. Si l'on y parvient, il est plus pur, plus solide, & plus doux par elle. Si on le manque, elle seule peut en dédommager.

* En aprenant à penser à un objet aimable, on aprend de lui à être sensible ; & cette éducation vaut bien l'autre. Si c'est la raison qui fait l'homme, c'est le sentiment qui le conduit.

* Quand le bonheur commun de deux personnes qui s'aiment & voudroient s'unir devient impossible, chercher le sien dans celui de ce qu'on aime, c'est tout ce qui reste à faire à l'amour sans espoir.

* Le véritable amour a cet avantage aussi-bien que la vertu, qu'il dédommage de tout ce qu'on lui sacrifie, & qu'on jouit en quelque sorte des privations qu'on s'impose, par le sentiment même de ce qu'il en coûte & du motif qui nous y porte.

* Si l'amour est le plus délicieux

F

fentiment qui puiſſe entrer dans le cœur humain, tout ce qui le prolonge & le fixe, même au prix de mille douleurs, eſt encore un bien.

* Si l'amour eſt un deſir qui s'irrite par les obſtacles, il n'eſt pas bon qu'il ſoit content, il vaut mieux qu'il dure & ſoit traverſé, que de s'éteindre au ſein des plaiſirs.

* Le plus puiſſant de tous les obſtacles à la durée d'une paſſion, c'eſt de n'en avoir plus à vaincre. L'Univers n'a jamais vu de paſſion ſoutenir cette épreuve.

* On n'eſt point ſans plaiſirs quand on aime encore. L'image de l'amour éteint, effraye plus un cœur tendre que celle de l'amour malheureux ; & le dégoût de ce qu'on poſſéde eſt un état cent fois pire que le regret de ce qu'on a perdu.

* On ne ſauroit nier l'éxiſtence de ces attachemens nés de la premiére vue, & fondés ſur des conformités indéfiniſſables. Le nombre n'en eſt que

trop grand. M. Richard son s'en moque ;
mais il auroit mieux fait d'enseigner à
les vaincre.

* L'amour sensuel ne peut se passer
de la possession, & s'éteint par elle.
Le véritable amour ne peut se passer
du cœur, & dure autant que les raports qui l'ont fait naître. Quand ces
raports sont chimériques, il dure au
moins autant que l'illusion qui nous les
fait imaginer.

* On n'aime point si l'on n'est aimé ;
du moins on n'aime pas long-tems. Ces
passions sans retour, qui font, dit-on,
tant de malheureux, ne sont fondées
que sur les sens ; si quelques-unes pé-
nétrent jusqu'à l'ame, c'est par des raports faux, dont on est bien-tôt dé-
trompé.

* Il n'est pas si facile qu'on pense de
renoncer à la vertu. Elle tourmente
long-tems ceux qui l'abandonnent, &
ses charmes, qui font les délices des
ames pures, sont le premier suplice du

F 2

méchant, qui les aime encore, & n'en sauroit plus jouir.

* La vertu eft fi néceffaire à nos cœurs, que quand on a une fois abandonné la véritable, on s'en fait enfuite une à fa mode, & l'on y tient plus fortement, peut-être parce qu'elle eft de notre choix.

* Il eft infenfé de chercher dans l'égarement de fon cœur un repos qu'on ne trouve que dans la fageffe.

* Si le premier défordre eft pénible & lent, tous les autres font prompts & faciles. Le preftige des paffions fafcine la raifon, trompe la fageffe, & change la nature, avant qu'on s'en aperçoive. On s'écarte un feul moment de la vie, on fe détourne d'un feul pas de la droite route; auffi-tôt une pente inévitable nous entraîne & nous perd; on tombe enfin dans le gouffre, & on fe réveille épouvanté de fe trouver couvert de crimes, avec un cœur né pour la vertu.

* Heureux & folidement heureux,

les Epoux que le devoir & l'honnêteté
lie ! tendres amis, fans brûler de ce feu
dévorant qui confume l'ame, ils s'aiment d'un fentiment pur & doux qui
la nourrit, que la fageffe autorife, &
que la raifon dirige.

* La Providence éternelle veille fur
la moindre des œuvres du Créateur :
elle fait ramper l'infecte & rouler les
Cieux.

* L'Etre dont le Ciel eft le Trône
foutient ou détruit, quand il lui plaît,
nos propres forces, la liberté qu'il
rous donne. (*)

* Il y a des gens qui ne font pas tout-
à-fait fans religion : mais ils fe bornent
à une religion extérieure & maniérée,
qui, fans toucher le cœur, raffure la
confcience, à de fimples formules : ils

(*) *Il feroit difficile de dire dans quelle Ecole
de Théologie ou de Philofophie cette décifion eft
puifée. Elle eft affez obfcure pour avoir befoin
de Commentaire.*

croyent éxactement en Dieu à certaines
heures pour n'y plus penſer le reſte du
tems. Scrupuleuſement attachés au culte
public, ils n'en ſavent rien tirer pour
la pratique de la vie. Ne pouvant accorder l'eſprit du monde avec l'Evan-
gile, ni la foi avec les œuvres, ils prennent un milieu qui contente leur vaine
ſageſſe, ils ont des maximes pour
croire, & d'autres pour agir : ils ou-
blient dans un lieu ce qu'ils avoient
penſé dans l'autre : ils ſont dévots à
l'Egliſe, & philoſophes au logis. Alors
ils ne ſont rien nulle part : leurs priéres
ne ſont que des mots, leurs raiſonnemens des ſophiſmes, & ils ſuivent pour
toute lumiére la fauſſe lueur des feux
errans qui les guident pour les perdre.

On ne ſauroit ſe paſſer de la Religion. En vain un heureux inſtinct porte au bien, une paſſion violente s'éleve,
elle a ſa racine dans le même inſtinct,
que fera-t-on pour la détruire ? En vain
tire-t'on de la conſidération de l'ordre

la beauté de la vertu, & sa bonté de
l'utilité commune : que fait tout cela
contre l'intérêt particulier ? & lequel
au fond importe le plus à l'homme,
de son bonheur aux dépens du reste des
hommes, ou du bonheur des autres aux
dépens du sien ? En vain la crainte de
la honte ou du châtiment empêche
de faire du mal pour son profit : il n'y
a qu'à faire mal en secret : la vertu n'a
plus rien à dire, & l'on punira comme
à Sparte, non le délit, mais la mal-
adresse. En vain enfin le caractère &
l'amour du beau sont empreints par la
nature au fond de l'ame, la régle sub-
sistera aussi long-tems qu'il ne sera point
défiguré : mais comment s'assurer de
conserver toujours dans sa pureté cette
effigie intérieure qui n'a point parmi les
êtres sensibles de modèle auquel on
puisse la comparer ? Ne sait-on pas que
les affections désordonnées corrompent
le jugement ainsi que la volonté, & que
la conscience s'altére & se modifie in-

senfiblement dans chaque fiécle, dans chaque peuple, dans chaque individu, felon l'inconftance & la variété des préjugés ?

   * Celui qui adore l'Etre éternel, détruit d'un fouffle ces fantômes de raifon qui n'ont qu'une vaine aparence, & fuient comme un ombre devant l'immortelle vérité. Rien n'éxifte que par celui qui eft. C'eft lui qui donne un but à la juftice, une bafe à la vertu, un prix à cette courte vie employée à lui plaire ; c'eft lui qui ne ceffe de crier aux coupables que leurs crimes fecrets ont été vus, & qui fait dire au jufte oublié : tes vertus ont un témoin. C'eft lui, c'eft fa fubftance inaltérable, qui eft le vrai modèle des perfections dont nous portons une image en nous-mêmes. Nos paffions ont beau la défigurer, tous fes traits liés à l'effence infinie fe repréfente toujours à la raifon, & lui fervent à rétablir ce que l'impofture & l'erreur en ont altéré. Tout ce qu'on

qu'on ne peut féparer de l'idée de cette
eſſence eſt Dieu : tout le reſte eſt l'ouvrage des hommes. ( )

* C'eſt à la contemplation de ce divin modèle que l'ame s'épure & s'éleve ; qu'elle aprend à méprifer ſes inclinations baſſes, & à furmonter ſes vils
penchans. Un cœur pénétré de ces ſublimes vérités ſe refuſe aux petites paſſions des hommes ; cette grandeur infinie le dégoûte de leur orgueil ; le charme de la méditation l'arrache aux idées
terreſtres ; & quand l'Etre immenſe
dont il s'occupe n'éxiſteroit pas, il ſeroit encore bon qu'il s'en occupât ſans
ceſſe, pour être plus maître de lui-même, plus fort, plus heureux, & plus
ſage.

* Ce n'eſt pas ſeulement l'intérêt des
Epoux, c'eſt la cauſe commune de tous

(*) *A l'exception de ce qui eſt fondé ſur une*
Révélation qui a des caractéres autentiques de
Divinité.

G

les hommes , que la pureté du mariage ne soit point altérée. Chaque fois
que deux Epoux s'unissent par un nœud
solemnel , il intervient un engagement
tacite de tout le genre-humain , de respecter ce lien sacré , d'honorer en eux
l'union conjugale ; & c'est une raison
très-forte contre les mariages clandes-
tins , qui n'offrant nul signe de cette
union , exposent des cœurs innocens à
brûler d'un flamme adultére.

* Il n'y a point de crime que ceux
qui croyent l'éxistence de Dieu & l'im-
mortalité de l'ame puissent apeller secret , puisque tout crime a pour témoin
le premier offensé , & le seul vrai Juge.
Etrange secret que celui qu'on dérobe
à tous les yeux , hors ceux à qui l'on a
plus d'intérêt à le cacher !

* Où chercher la saine raison , si-
non , dans celui qui en est la source ?
& que penser de ceux qui consacrent à
perdre les hommes ce flambeau divin
qu'il leur donna pour les guider ? Dé-

fions-nous d'une Philofophie en paroles ; défions-nous d'une fauffe vertu qui
frape toutes les vertus , & s'aplique à
juftifier tous les vices pour s'autorifer à
les avoir tous. Le meilleur moyen de
trouver ce qui eft bien , eft de le chercher fincérement ; & l'on ne peut long-
tems le chercher ainfi fans remonter à
l'Auteur de tout bien.

* N'eft-il pas bien indigne d'un homme de ne pouvoir jamais s'accorder avec
lui-même , d'avoir une régle pour fes
actions , une autre pour fes fentimens ,
de penfer comme s'il étoit fans corps ,
d'agir comme s'il étoit fans ame , & de
ne jamais aproprier à foi tout entier rien
de ce qu'il fait en toute fa vie ?

* Un incrédule , d'ailleurs heureu-
fement né , fe livre aux vertus qu'il aime : il fait le bien par goût , & non par
choix. Si tous fes defirs font droits , il
les fuit fans contrainte : il les fuivroit
de même , s'ils ne l'étoient pas : car
pourquoi fe gêneroit-il ? Mais celui qui

reconnoît & sert le pere commun des hommes, se croit une plus haute destination : l'ardeur de la remplir anime son zèle, & suivant une régle plus sûre que ses penchans, il sait faire le bien qui lui coûte, & sacrifier les desirs de son cœur à la loi du devoir.

* Une ame une fois corrompue, l'est pour toujours, & ne revient plus au bien d'elle-même : à moins que quelque révolution subite, quelque brusque changement de fortune & de situation, ne change tout-à-coup ses raports, & par un violent ébranlement, ne l'aide à retrouver une bonne assiette. Toutes ses habitudes étant rompues, toutes ses passions modifiées dans ce bouleversement général, on reprend quelquefois son caractére primitif, & l'on devient comme un nouvel être récemment sorti des mains de la Nature. Alors le souvenir de sa précédente bassesse peut servir de préservatif contre une rechute. Hier on étoit abject & foi-

ble ; aujourd'hui l'on est fort & magna-
nime. En se contemplant de si près dans
deux états si différens , on en sent
mieux le prix de celui où l'on est re-
monté , & l'on en devient plus attentif
à s'y soutenir.

* Le cœur nous trompe en mille maniéres , & n'agit que par un principe
toujours suspect , mais la raison n'a d'autre fin que ce qui est bien : ses régles
sont sûres , claires , faciles dans la conduite de la vie ; & jamais elle ne s'égare que dans d'inutiles spéculations qui
ne sont pas faites pour elle.

* L'ordre qu'un Maître sage met
dans sa maison est l'image de celui qui
régne au fond de son ame : il semble
imiter dans un petit ménage l'ordre éta-
bli dans le gouvernement du Monde.
On n'y voit, ni cette infléxible régularité qui donne plus de gêne que d'avan-
ge , & n'est suportable qu'à celui qui
l'impose , ni cette confusion mal entendue , qui, pour trop avoir , ôte l'usage

G 3

de tout. On y reconno ît toujours la main du Maître, & l'on ne la sent jamais ; il a si bien ordonné le premier arrangement qu'ensuite tout va tout seul, & qu'on jouit à la fois de la régle & de la liberté.

* C'est une erreur de croire que l'amour est nécessaire pour former un heureux mariage. L'honnêteté, la vertu, de certaines convenances, moins de conditions & d'âges, que de caractéres & d'humeurs, suffisent entre deux Epoux : ce qui n'empêche point qu'il ne résulte de cette union un attachement très-tendre, qui, pour n'être pas precisément de l'amour, n'en est que plus durable.

* L'amour est accompagné d'une inquiétude continuelle de jalousie ou de privation peu convenable au mariage, qui est un état de jouissance & de paix. On ne s'épouse point pour penser uniquement l'un à l'autre, mais pour remplir conjointement les devoirs de la vie

civile, gouverner prudemment fa maifon, bien élever fes enfans. Les Amans
ne voyent jamais qu'eux, ne s'occupent
inceffamment que d'eux, & la feule
chofe qu'ils fachent faire, eft de s'aimer. Ce n'eft pas affez pour des Epoux
qui ont d'autres foins à remplir.

* Il n'y a point de paffion qui nous
faffe une fi forte illufion que l'amour.
On prend fa violence pour un figne de
fa durée; le cœur furchargé d'un fentiment fi doux, l'étend, pour ainfi dire, fur l'avenir; & tant que cet amour
dure, on croit qu'il ne finira point.
Mais, au contraire, c'eft fon ardeur
même qui le confume; il s'ufe avec la
jeuneffe, il s'efface avec la beauté, il
s'éteint fous les glaces de l'âge; & depuis que le Monde exifte, on n'a jamais vu deux Amans en cheveux blancs
foupirer l'un pour l'autre.

* On doit donc compter qu'on ceffe-
ra de s'adorer tôt ou tard, alors l'idole
qu'on fervoit, détruite, on fe voit ré-

ciproquement tels qu'on eſt. On cherche avec étonnement l'objet qu'on aime ; ne le trouvant plus , on ſe dépite
contre celui qui reſte , & ſouvent l'imagination le défigure autant qu'elle l'a-
voit paré. Il y a peu de gens , dit la
Rochefoucault , qui ne ſoyent honteux
de s'être aimés , quand ils ne s'aiment
plus.

* Combien alors il eſt à craindre
que l'ennui ne ſuccéde à des ſentimens
trop vifs ; que leur déclin , ſans s'arrêter à l'indifférence , ne paſſe juſqu'au
dégoût ; qu'on ne ſe trouve enfin tout-
à-fait raſſaſiés l'un de l'autre , & que
pour s'être trop aimés Amans , on ne
vienne à ſe haïr Epoux.

* La félicité eſt la fortune du Sage ,
& il n'y en a point ſans vertu. Mais il
faut prendre garde que ce mot de vertu , trop abſtrait , n'ait plus d'éclat que
de ſolidité , & ne ſoit un nom de pa-
rade qui ſert plus à éblouir les autres
qu'à nous contenter nous-mêmes.

* Ce n'eſt pas aſſez que la vertu ſoit la baſe de la conduite ; il faut établir cette baſe même ſur un fondement iné-branlable. Autrement on eſt dans le cas de ces Indiens qui font porter le Monde ſur un grand Eléphant , & puis l'Eléphant ſur une Tortue : & quand on leur demande ſur quoi porte la Tor-tue , ils ne ſavent plus que dire.

* Quand on revient entiérement des erreurs de ſa jeuneſſe , le retour qu'el-les ont produit en autoriſe le ſouvenir , & l'on peut dire avec un Ancien ; hé-las ! je périſſois , ſi je n'euſſe péri.

* Que font ces hommes ſenſuels qui multiplient ſi indiſcrettement leurs dou-leurs par leurs voluptés ? Ils anéantiſ-ſent , pour ainſi dire , leur éxiſtence , à force de l'étendre ſur la terre , ils agravent le poids de leurs attache-mens ; ils n'ont point de jouiſſances qui ne leur préparent mille privations amé-res : plus ils ſentent , & plus ils ſouf-frent : plus ils s'enfoncent dans la vie , & plus ils ſont malheureux.

Celui qui croit Dieu éxiſtant, l'ame immortelle, & la liberté de l'homme ne ſauroit penſer qu'un être intelligent reçoivent un corps & ſoit placé ſur la terre au hazard, ſeulement pour vivre, ſouffrir, & mourir. Il y a ſans doute à la vie humaine un but, une fin, un objet moral.

* Si l'envie de mourir donnoit le droit de s'ôter la vie, ce ſeroit un argument fort commode pour les ſcélérats. Il n'y auroit plus de forfaits qu'ils ne juſtifiaſſent par la tentation de les commettre, & dès que la violence de la paſſion l'emporteroit ſur l'horreur du crime, dans le deſir de mal faire, ils en trouveroient auſſi le droit.

* Tu veux ceſſer de vivre. Mais je voudrois bien ſavoir ſi tu as commencé. Quoi! fus-tu placé ſur la terre pour n'y rien faire? Le Ciel ne t'impoſe-t'il point avec la vie une tâche pour la remplir? Si tu as fait ta journée avant le ſoir, repoſe-toi le reſte du jour, tu le

peux ; mais voyons ton ouvrage. Quelle
réponfe tiens-tu prête au Juge fuprême
qui te demandera compte de ton tems.
Malheureux ! trouve-moi ce jufte qui
fe vante d'avoir affez vécu , afin que j'a-
prenne de lui comment il faut avoir rempli la vie pour être en droit de la quitter.

Tu comptes les maux de l'huma-
nité. Tu ne rougis pas d'épuifer des lieux
communs cent fois rebattus , & tu dis :
la vie eft un mal. Mais regarde , cherche dans l'ordre des chofes, fi tu y trou-
ves quelques biens qui ne foient point
mêlés de maux. Eft-ce donc à dire qu'il
n'y ait aucun bien dans l'Univers ? &
peux-tu confondre ce qui eft mal par
fa nature avec ce qui ne fouffre le mal
que par accident ? La vie eft un mal
pour le méchant qui profpére , & un
bien pour l'honnête homme infortuné ;
car ce n'eft pas une modification paffa-
gére , mais fon raport avec fon objet ,
ui la rend bonne ou mauvaife.

* Tu t'ennuyes de vivre, & tu dis ; la vie eſt un mal. Tôt ou tard tu ſeras conſolé, & tu diras ; la vie eſt un bien. Tu diras plus vrai, ſans mieux raiſonner : car rien n'aura changé que toi. Change donc dès aujourd'hui ; & puiſque c'eſt dans la mauvaiſe diſpoſition de ton ame qu'eſt tout le mal, corrige les affections déréglées, & ne brûle pas la maiſon pour n'avoir pas la peine de la ranger.

* Celui qui ſouffre, doit chercher à ne plus ſouffrir. Mais eſt-il beſoin de mourir pour cela ? Que ſont dix, vingt, trente ans, pour un homme immortel ? La peine & le plaiſir paſſent comme une ombre ; la vie s'écoule en un inſtant, elle n'eſt rien par elle-même, ſon prix dépend de ſon emploi.

* Ne dis donc plus que c'eſt un mal pour toi de vivre, puiſqu'il dépend de toi ſeul que ce ſoit un bien ; & que, ſi c'eſt un mal d'avoir vécu, c'eſt une raiſon de plus pour vivre encore. Ne dis

pas non plus qu'il t'eſt permis de mourir ; car autant vaudroit dire qu'il t'eſt permis de n'être pas homme, qu'il t'eſt permis de ſe révolter contre l'Auteur de ton être, & de tromper ta deſtination.

* Ta mort ne fait de mal à perſonne ? Et la ſociété à qui tu dois ta converſation, tes talens, tes lumiéres, la patrie à laquelle tu apartiens, les malheureux qui ont beſoin de toi, ne leur dois-tu rien ? Eſt-il permis de renoncer aux devoirs d'homme & de Citoyen ?

* Le Suicide eſt une mort furtive & honteuſe. C'eſt un vol fait au genre humain. Avant de le quitter, rends-lui ce qu'il a fait pour toi. Mais je ne tiens à rien. Je ſuis inutile au monde. Philoſophe d'un jour ! ignores-tu que tu ne ſaurois faire un pas ſur la terre ſans trouver quelque devoir à remplir, & que tout homme eſt utile à l'humanité par cela ſeul qu'il éxiſte ?

* Chaque fois que tu ſeras tenté de ſortir de la vie, dis en toi-même : *Que*

je fasse encore une bonne action avant que de mourir. Puis va chercher quelque indigent à secourir , quelque infortuné à consoler , quelque oprimé à défendre. Si cette considération te retient aujourd'hui , elle te retiendra encore demain , après-demain , toute ta vie. Si elle ne te retient pas , tu n'es qu'un méchant.

* Il faut avoir le goût de la vie pour en bien remplir les devoirs. Avec trop d'indifférence pour toute chose , on ne réussit jamais à rien.

* Quand de grandes afflictions ont bouleversé l'homme , la raison seule ne sauroit lui rendre la raison. Il faut qu'une multitude d'objets nouveaux & frapans lui arrachent une partie de l'attention que son cœur ne donne qu'à ceux qui l'occupent. Il faut, pour le rendre à lui-même , qu'il sorte d'au-dedans de lui ; & ce n'est que dans l'agitation d'une vie active qu'il peut retrouver le repos.

* A mesure qu'on avance en âge , tous
les sentimens se concentrent. On perd
tous les jours quelque chose de ce qui
nous fut cher , & l'on ne le remplace
plus. On meurt ainsi par dégrés, jusqu'à
ce que n'aimant enfin que soi-même ,
on ait cessé de sentir & de vivre avant
de cesser d'éxister. Mais un cœur sensible se défend de toute sa force contre
cette mort anticipée ; quand le froid
commence aux extrêmités , il rassemble
autour de lui toute sa chaleur naturelle ; plus il perd , plus il s'attache à ce
qui lui reste , & il tient , pour ainsi
dire , au dernier objet par les liens de
tous les autres.

* La communication des cœurs im-
prime à la tristesse je ne sais quoi de
doux & de touchant que n'a pas le contentement. L'amitié paroît avoir été spé-
cialement donnée aux malheureux pour
le soulagement de leurs maux & la consolation de leurs peines.

* Tel est le droit de la Guerre parmi

les peuples favans, humains , & polis
de l'Europe : on ne fe borne pas à faire
à fon ennemi tout le mal qu'on peut lui
faire à pure perte.

　* Voici le caractére d'un peuple célébre, (les Chinois.) Lettré , lâche ,
hypocrite, & charlatan ; parlant beaucoup fans rien dire, plein d'efprit , fans
aucun génie, abondant en fignes & fté-
rile en idées ; poli, complimenteur,
adroit , fourbe , & fripon ; il met tous
les devoirs en étiquettes , toute la morale en fimagrées , & ne connoît d'autre
humanité que les falutations & les révé-
rences.

　* Le premier pas vers le vice eft de
mettre du myftére aux actions innocen-
tes, & quiconque aime à fe cacher, a tôt
ou tard raifon de fe cacher. Un feul
précepte de Morale peut tenir lieu de
tous les autres : ne fais ni ne dis jamais
rien que tu ne veuilles que tout le monde voye & entende. On peut regarder
comme le plus eftimable des hommes,
ce Romain qui vouloit que fa maifon
fût

fût conſtruite de maniére qu'on vît ce
qui s'y faiſoit.

* L'uſage du monde & l'expérience
ôtent le ton dogmatique & tranchant
qu'on prend dans le Cabinet ; on devient moins propre à juger les hommes
depuis qu'on en a beaucoup obſervé,
moins preſſé d'établir des propoſitions
univerſelles, depuis qu'on a tant vu
d'exceptions. En général l'amour de la
vérité guérit de l'eſprit de ſyſtême ; on
devient moins brillant & plus raiſonna-
ble ; & ceux qui nous fréquentent, s'inf-
truiſent beaucoup mieux avec nous, depuis que nous ne ſommes plus ſi ſavans.

* Un homme ſans paſſion ne peut
inſpirer d'averſion à perſonne.

* Les épanchemens de l'amitié ſe re-
tiennent devant un témoin quel qu'il ſoit.
Il y a mille ſecrets que trois amis doivent ſavoir, & qu'ils ne peuvent ſe dire
que deux à deux.

* Tous ces ſages contemplatifs qui
ont paſſé leur vie à l'étude du cœur hu-

H

main, en favent moins fur les fignes de l'amour, que la plus bornée des femmes fenfibles.

* Les ufages qu'on nomme du bel air, naiffent & paffent comme un éclair. Le favoir vivre confifte à fe tenir toujours au guet, à les faifir au paffage, à les affecter, & à montrer qu'on fait celui du jour : le tout, pour être fimple.

* La douce chofe, de couler fes jours dans le fein d'une tranquille amitié, à l'abri de l'orage des paffions impétueufes! Que c'eft un fpectacle agréable & touchant que celui d'une maifon fimple & bien réglée, où régnent l'ordre, la paix, l'innocence; où l'on voit réuni fans apareils, fans éclat, tout ce qui répond à la véritable deftination de l'homme!

* Par-tout où l'on fubftitue l'utile à l'agréable, l'agréable y gagne prefque toujours.

* Tout l'apareil de l'économie ruftique donne au Château d'un Gentilhomme un air champêtre, plus vivant,

plus animé, plus gai, je ne fai quoi qui fent la joie & le bien-être, qu'il n'a pas dans l'état d'une morne dignité.

* La terre produit à proportion du nombre des bras qui la cultivent ; mieux cultivée, elle rend davantage : cette furabondance de production donne de quoi la cultiver mieux encore ; plus on y met d'hommes & de bétail, plus elle fournit d'excédent à leur entretien. On ne fait où peut s'arrêter cette augmentation continuelle & réciproque de produit & de cultivateurs.

* Au contraire, les terreins négligés perdent leur fertilité ; moins un pays produit d'hommes, moins il produit de denrées. C'eft le défaut d'habitans qui l'empêche de nourrir le peu qu'il en a, & dans toute contrée qui fe dépeuple, on doit tôt ou tard mourir de faim.

* Dans le choix des ouvriers de la campagne, qu'on nomme journaliers, on fait bien de préférer toujours ceux du pays, & les voifins aux étrangers & aux

inconnus. Si l'on perd quelque chose à
ne pas prendre les plus robustes, on le
regagne bien par l'affection que cette
préférence inspire à ceux qu'on choisit,
par l'avantage de les avoir toujours autour de soi, & de pouvoir compter sur
eux dans tous les tems, quoiqu'on ne
les paye qu'une partie de l'année.

* Tous les moyens d'émulation qui
paroissent dispendieux, employés avec
prudence & justice, rendent insensiblement tous ceux qui servent laborieux,
diligens, & raportent enfin plus qu'ils
ne coûtent ; mais comme on n'en voit le
profit qu'avec de la constance & du tems,
peu de gens savent & veulent s'en servir.

C'est une affaire importante que le
choix des domestiques. On ne doit pas
les regarder seulement comme des mer-
cenaires dont on n'éxige qu'un service
éxact, mais comme des membres de la
famille dont le mauvais choix est capable de la désoler. Un ramassis de canailles

ruine le maître, corrompt les enfans dans les maifons opulentes.

* La première chofe qu'on doit demander des domeftiques, eft d'être honnêtes gens, la feconde d'aimer leur Maître, la troifiéme de le fervir à fon gré : mais pour peu qu'un Maître foit raifonnable, & un domeftique intelligent, la troifiéme fuit toujours les deux autres.

* Formez les domeftiques comme il faut, & jamais ils ne vous quitteront pour en aller fervir d'autres. Si vous ne fongez qu'à vous en les formant, en vous quittant ils font fort bien de ne fonger qu'à eux; mais occupez-vous d'eux un peu davantage, & ils vous demeureront attachés. Il n'y a que l'intention qui oblige; & celui qui profite d'un bien que je ne veux faire qu'à moi, ne me doit aucune connoiffance.

* Des Maîtres humains ne négligent pas des devoirs que rempliffent par oftentation beaucoup de Maîtres fans cha-

rité , & n'abandonnent pas ceux de leurs
gens à qui les infirmités ou la vieilleſſe
ôtent les moyens de les ſervir.

* Nul ne remplit bien ſon devoir s'il
ne l'aime ; & il n'y eut jamais que des
gens d'honneur qui ſuſſent aimer leur
devoir.

* Le commerce continuel des deux
ſexes ne réſulte point de l'union conjugale. La femme & le mari ſont bien
deſtinés à vivre enſemble , mais non
pas de la même maniére ; ils doivent
agir de concert ſans faire les mêmes
choſes. La vie qui charmeroit l'un ſeroit inſuportable à l'autre : les inclinations que leur donne la nature , ſont
auſſi diverſes que les fonctions qu'elle
leur impoſe : leurs amuſemens ne différent pas moins que leurs devoirs : en un
mot tous deux courent au bonheur par
des chemins différens , & ce partage
de travaux & de ſoins eſt le plus fort
lien de leur union.

* Dans la république on retient les

Citoyens par des mœurs, des principes, de la vertu; mais comment con-
tenir des domestiques, des mercenai-
res, que par la contrainte, par la gêne?
Tout l'art du Maître est de cacher cette gêne sous le voile du plaisir ou de l'intérêt; ensorte qu'ils pensent vouloir tout
ce qu'ils sont obligés de faire.

* Des Maîtres intelligens & bien in-
tentionnés peuvent former à la fois dans
les mêmes hommes de bons domestiques pour le service de leur personne,
de bons paysans pour cultiver leurs terres, de bons soldats pour la défense de
la Patrie, & des gens de bien pour tous
les états où la fortune peut les apeller.

La pure Morale est si chargée de devoirs sévéres, que si on la surcharge
encore de formes indifférentes, c'est
presque toujours aux dépens de l'essen-
tiel. C'est le cas de la plûpart des moi-
nes, qui, soumis à mille régles inutiles
ne savent ce que c'est qu'honneur &
vertu.

* Il n'y a pas plus de mal à danſer qu'à chanter ; chacun de ces amuſemens eſt également une inſpiration de la natuɪe.

* Il ne peut y avoir de crime de s'égayer en commun par une récréation innocente & honnête. Au contraire, toutes les fois qu'il y a concours de deux ſexes , tout divertiſſement public devient innocent, par cela même qu'il eſt public, au lieu que l'occupation la plus louable eſt ſuſpecte dans le tête à tête. (*)

* Ce ſont moins les familiarités des Maîtres que leurs défauts qui les font mépriſer chez eux. L'inſolence des domeſtiques annonce plutôt un Maître vicieux que foible. Rien ne leur donne

autant

(*) *Voici encore une thèſe de M. R. qu'il a traitée plus au long dans ſa Lettre à M. d'Alembert. Les Bals publics n'ont pas autant d'avantages & ne ſont pas auſſi exemts d'inconvéniens que le prétend leur Apologiſte. Mais il faudroit plus de place que nous n'en avons ici pour calculer les uns & les autres.*

autant d'audace que la connoiſſance de
ces vices, & tous ceux qu'ils découvrent
en lui ſont à leurs yeux autant de diſ-
penſes d'obéir à un homme qu'ils ne
ſauroient plus reſpecter.

* Les valets imitent les Maîtres, &
les imitant groſſiérement, ils rendent
ſenſibles dans leur conduite les défauts
que le vernis de l'éducation cache mieux
dans les autres.

* On a dit qu'il n'y avoit point de
Héros pour ſon valet de chambre; cela
peut être : mais l'homme juſte a l'eſtime de ſon valet; ce qui montre aſſez
que l'Héroïſme n'a qu'une vaine aparence, & qu'il n'y a rien de ſolide que
la vertu.

* La ſervitude eſt ſi peu naturelle à
l'homme, qu'elle ne ſauroit éxiſter ſans
quelque mécontentement. C'eſt bon ſi-
gne quand il ſe borne à ce que chacun
voudroit être le premier en faveur,
comme il croit l'être en attachement,
quand c'eſt-là l'unique plainte des do-

I

mestiques , & leur plus grande injus-
tice.

* Il est impossible à un [Maître qui
a vingt domestiques de venir jamais à
bout de savoir s'il y a parmi eux un
honnête homme , & de ne pas prendre
pour tel le plus méchant fripon de tous.
Cela seul dégoûteroit d'être du nombre
des riches. Un des plus doux plaisirs de
la vie , le plaisir de la confiance , est
perdu pour eux. Ils achétent bien cher
tout leur or.

* C'est une grande erreur dans l'économie domestique , ainsi que dans la
vie civile , de vouloir combattre un vice
par un autre , ou former entr'eux une
sorte d'équilibre , comme si ce qui sape
les fondemens de l'ordre pouvoit jamais
servir à l'établir. On ne fait par cette
mauvaise police que réunir tous les inconvéniens. Les vices tolérés dans une
maison n'y régnent pas seuls ; laissez-en
germer un , mille viendront à sa suite.

* Dans une maison où le Maître est

sincérement chéri & respecté, tous les
domestiques se regardant comme lésés
par des pertes qui le laisseroient moins
en état de récompenser un bon serviteur, sont également incapables de souffrir en silence le tort que l'un d'eux voudroit lui faire. C'est une police bien su-
blime que celle qui sait transformer ainsi
le vil métier d'accusateur en une fonction
de zèle, d'intégrité, de courage, aussi
noble, ou du moins aussi louable qu'elle
l'étoit chez les Romains.

Le précepte de couvrir les fautes de
son prochain ne se raporte qu'à celles
qui ne font de tort à personne ; une in-
justice qu'on voit, qu'on tait & qui
blesse un tiers, on la commet soi-même ; & comme ce n'est que le sentiment de nos propres défauts qui nous
oblige à pardonner ceux d'autrui, nul
n'aime à tolérer les fripons, s'il n'est
fripon lui-même. Ces principes, vrais
en général d'homme à homme, sont bien
plus rigoureux encore dans la relation

étroite du serviteur au Maître.

* Richesse ne fait pas riche, dit *le Roman de la Rose*. Les biens d'un homme ne sont point dans ses coffres, mais dans l'usage de ce qu'il en tire ; car on ne s'approprie les choses qu'on possède que par leur emploi, & les abus sont toujours plus inépuisables que les richesses : ce qui fait qu'on ne jouit pas à proportion de sa dépense, mais à proportion qu'on la fait mieux ordonner.

* Un fou peut jetter des lingots d'or dans la mer, & dire qu'il en a joui : mais quelle comparaison entre cette extravagante jouissance, & celle qu'un homme sage eût sû tirer d'une moindre somme ! L'ordre & la régle qui multiplient & perpétuent l'usage des biens, peuvent seuls transformer le plaisir en bonheur.

* Toute maison bien ordonnée est l'image de son Maître. Les lambris dorés, le luxe & la magnificence, n'annoncent que la vanité de celui qui les

étale ; au lieu que'par-tout où vous verrez régner la régle fans triftefse, la paix
fans efclavage, l'abondance fans profu-
fion, dites avec confiance : c'eft un être
heureux qui commande ici.

* Le figne le plus affuré du vrai contentement d'efprit eft la vie retirée &
domeftique. Ceux qui vont fans cefse
chercher leur bonheur chez autrui ne
l'ont point chez eux-mêmes. Un pere de
famille qui fe plaît dans fa maifon a pour
prix des foins continuels qu'il s'y donne, la continuelle jouiffance des plus
doux fentimens de la nature. Seul entre
tous les mortels, il eft maître de fa propre félicité, parce qu'il eft heureux
comme Dieu même, fans rien defirer
de plus que ce dont il jouit. Comme cet
Etre immenfe, il ne fonge pas à ampli-
fier fes poffeffions, mais à les rendre
véritablement fiennes par les relations
les plus parfaites & la direction la mieux
entendue : s'il ne s'enrichit pas de nouvelles acquifitions, il s'enrichit en pof-
fédant mieux ce qu'il a.   I 3

Il eſt des devoirs ſimples & ſublimes qu'il n'apartient qu'à peu de gens d'aimer & de remplir.

Il n'y a qu'un homme de bien qui ſache l'art d'en former d'autres. Un hypopocrite a beau vouloir prendre le ton de la vertu, il n'en peut inſpirer le goût à perſonne ; & s'il ſavoit la rendre aimable, il l'aimeroit lui-même.

Que ceux qui nous exhortent à faire ce qu'ils diſent & non ce qu'ils font, diſent une grande abſurdité ! Qui ne fait pas ce qu'il dit, ne le dit jamais bien ; car le langage du cœur qui touche & perſuade y manque.

* Les occupations utiles ne doivent pas ſe borner aux ſoins qui donnent du profit ; elles comprennent encore tout amuſement innocent & ſimple qui nourrit le goût de la retraite, du travail, de la modération, & conſerve à celui qui s'y livre une ame ſaine, un cœur libre du trouble des paſſions. Si l'indolente oiſiveté n'engendre que la triſteſſe & l'en-

nui, le charme des doux loifirs eft le
fruit d'une vie laborieufe. On ne tra-
vaille que pour jouir : cette alternative
de peine & de jouiffance eft notre véritable vocation. Le repos qui fert de
délaffement aux travaux paffés & d'en-
couragement à d'autres, n'eft pas moins
néceffaire à l'homme que le travail même.

   * La nature femble vouloir dérober
aux yeux des hommes fes vrais attraits,
auxquels ils font trop peu fenfibles, &
qu'ils défigurent quand ils font à leur
portée : elle fuit les lieux fréquentés ;
c'eft au fommet des montagnes, au fond
des forêts, dans des Ifles defertes, qu'elle étale fes charmes les plus touchans.
Ceux qui l'aiment, & ne peuvent l'aller chercher fi loin, font réduits à lui
faire violence, à la forcer en quelque
forte à venir habiter avec eux ; & cela
ne peut fe faire fans un peu d'illufion.

   * Dans ces terreins fi vaftes & fi ri-
chement ornés, on ne voit que la vari-

I 4

té du propriétaire & de l'artiste, qui toujours empreffés d'étaler, l'un fa richeffe, l'autre fon talent, préparent à grands frais de l'ennui à quiconque voudra jouir de leur ouvrage. Un faux goût de grandeur qui n'eft point fait pour l'homme, empoifonne fes plaifirs. L'air grand eft toujours trifte ; il fait fonger aux miféres de celui qui en l'affectant fe perd comme un ciron dans fes immenfes poffeffions.

* Que dire de ces petits Curieux, de ces petits Fleuriftes, qui fe pâment à l'afpect d'une Renoncule, & fe profternent devant des Tulipes ? Qu'eft-ce que la valeur d'une patte ou d'un oignon qu'un infecte ronge ou détruit peut-être au moment qu'on le marchande, ou d'une fleur précieufe à midi, & flétrie avant que le Soleil foit couché ? Qu'eft-ce qu'une beauté conventionnelle, qui n'eft fenfible qu'aux yeux des curieux, & qui n'eft beauté que parce qu'il leur plaît qu'elle le

foit ? Le tems peut venir qu'on cherchera dans les fleurs tout le contraire
de ce qu'on cherche aujourd'hui, &
avec autant de raifon.

* L'erreur des prétendus gens de
goût eft de vouloir de l'art par-tout,
& de n'être jamais contens que l'art ne
paroiffe ; au lieu que c'eft à le cacher
que confifte le véritable goût : fur-tout
quand il eft queftion des ouvrages de
la Nature.

* Le goût des points de vue & des
lointains vient du penchant qu'ont la
plûpart des hommes à ne fe plaire qu'où
ils ne font pas. Ils font toujours avi-
des de ce qui eft loin d'eux ; l'Artifte
qui ne fait pas les rendre affez contens de ce qui les entoure, fe donne
cette reffource pour les amufer. (*)

(*) Cette cenfure paroît outrée. Les perfpec-
tives & les lointains ont une beauté réelle ; &
s'il faloit chercher un fondement moral au
plaifir qui en réfulte, ne feroit-il pas plutôt

* Il faudroit que les amufemens des hommes euffent toujours un air facile qui ne fît point fonger à leur foibleffe ; & qu'en admirant les merveilles raffemblées dans un lieu , par éxemple , celles du Parc célébre de Milord Cobham à Stovv , on n'eût point l'imagination fatiguée des fommes & des travaux qu'elles ont coûté.

* Il y a dans la méditation des penfées honnêtes , une forte de bien-être que les méchans n'ont jamais connu. Si l'on y fongeoit fans prévention , quel autre plaifir pourroit-on égaler à celui-là ?

* La jouiffance de la vertu eft toute intérieure , & ne s'aperçoit que par celui qui la fent : mais tous les avantages du vice frapent les yeux d'autrui , & il n'y a que celui qui les a qui fache

---

dans l'averfion pour la gêne & dans l'amour de la liberté? On eft d'autant plus à fon aife qu'on eft ou qu'on fe croit moins refferré.

ce qu'ils lui coûtent. C'est peut-être
là la clef des faux jugemens des hommes sur les avantages du vice & sur
ceux de la vertu.

* Les Courtisans & les Valets sont
deux ordres d'hommes moins différens
en effet qu'en aparence, peu dignes
d'être étudiés, & si faciles à connoître qu'on s'en ennuye au premier regard.

* L'intérêt n'est pas le seul mobile
des actions humaines ; & parmi tant de
préjugés, s'il en est qui aussi combat-
tent la vertu, il en est aussi qui la fa-
vorisent. Le caractére général de l'homme est un amour-propre, indifférent
par lui-même, bon ou mauvais par les
accidens qui le modifient, & qui dépendent des coutumes, des loix, des
rangs, de la fortune, & de toute la
police humaine.

* On ne voit rien quand on se contente de regarder ; il faut agir soi-même pour voir agir les hommes, & se
faire acteur pour être spectateur. Avec

la véritable connoiſſance des hommes, dont l'oiſive philoſophie ne donne que l'aparence, on trouve un autre avantage dans cette conduite ; c'eſt d'aiguiſer par une vie active l'amour de l'ordre qu'on a reçu de la nature, & de prendre un nouveau goût pour le bien par le plaiſir d'y contribuer.

* Comment réprimer la paſſion même la plus foible, quand elle eſt ſans contrepoids ? Voilà l'inconvénient des caractéres froids & tranquilles. Tout va bien tant que leur froideur les garantit des tentations ; mais, s'il en ſurvient une qui les atteigne, ils ſont auſſi-tôt vaincus qu'attaqués ; & la raiſon qui gouverne tandis qu'elle eſt ſeule, n'a jamais de force pour réſiſter au moindre effort.

* Il n'y a que des ames de feu qui ſachent combattre & vaincre. La froide raiſon n'a jamais rien fait d'illuſtre ; & l'on ne triomphe des paſſions qu'en les opoſant l'une à l'autre. Quand celle

de la vertu vient à s'élever, elle domine seule & tient tout en équilibre. Voilà comment se forme le vrai Sage, qui n'est pas plus qu'un autre à l'abri des passions, mais qui sait les vaincre par elles-mêmes, comme un Pilote fait route par les mauvais vents.

* La modestie extrême a ses dangers, ainsi que l'orgueil. Comme une témérité qui nous porte au-delà de nos forces les rend impuissantes, un effroi qui nous empêche d'y compter les rend inutiles. La véritable prudence consiste à les bien connoître, & à s'y tenir.

* Les grands combats ne font qu'irriter les grandes passions ; & si les violens efforts exercent l'ame, ils lui coûtent des tourmens dont la durée est capable de l'abattre.

* Le crime commence toujours par l'orgueil qui fait mépriser la tentation : & braver des périls où l'on a succombé, c'est vouloir succomber encore.

* Le poids d'une ancienne faute est

un fardeau qu'il faut porter toute fa vie.

* On ne fe déguife pas plus fes vertus que fes vices. C'eft donc une vertu dangereufe que celle qui ne fait
qu'animer l'amour-propre en le concen-
trant. La noble franchife des ames droi-
tes eft préférable à l'orgueil des humbles. S'il faut de la tempérance dans la
fageffe, il en faut auffi dans les précautions qu'elle infpire ; de peur que des
foins ignominieux à la vertu n'aviliffent
l'ame, & n'y réalifent un danger chi-
mérique à force de nous en allarmer.

' Ce qui fépare les deux fexes, c'eft
la Nature elle-même qui leur prefcrit
des occupations différentes ; c'eft cette
douce & timide modeftie, qui, fans
fonger précifément à la chafteté, en eft
la plus fûre gardienne ; c'eft cette réferve attentive & piquante, qui, nour-
riffant à la fois dans le cœur des hommes & les defirs & le refpect, fert,
pour ainfi dire, de coquetterie à la
vertu.

* Les femmes les plus honnêtes conservent en général le plus d'afcendant fur leurs maris ; parce qu'à l'aide d'une fage & difcréte réferve, fans caprice & fans refus, elles favent, au fein de l'union la plus tendre, les maintenir à une certaine diftance, & les empêchent de fe jamais raffafier d'elles.

* Dans le grand monde la vertu n'eft rien ; tout n'eft que vaine aparence : les crimes s'effacent par la difficulté de les prouver, & la preuve même eft ridicule contre l'ufage qui les autorife.

* Quiconque eft fenfible à la honte, ne fait point braver l'infamie.

* Il y a des tentations déshonorantes qui n'aprocheront jamais d'une ame honnête ; il eft même honteux de les vaincre, & fe précautionner contre elles eft moins s'humilier que s'avilir.

* Une ame franche & incapable de mauvaife foi a contre le vice bien des reffources qui manqueront toujours aux autres.

* Rien n'eſt mépriſable de ce qui tend à garder la pureté ; & ce ſont les petites précautions qui conſervent les grandes vertus.

* Le reſpectable état de Précepteur éxige tant de talens, qu'on ne ſauroit payer tant de vertus qui ne ſont point à prix, qu'il eſt inutile d'en chercher un avec de l'argent. Il n'y a qu'un homme de génie en qui l'on puiſſe eſpérer de trouver les lumiéres d'un Maître ; il n'y a qu'un ami très-tendre à qui ſon cœur puiſſe inſpirer le zèle d'un pere : & le génie n'eſt guére à vendre ; encore moins l'attachement.

* Vous êtes bien folles, vous autres femmes, de vouloir donner de la conſiſtance à un ſentiment auſſi frivole & auſſi paſſager que l'amour. Tout change dans la nature, tout eſt dans un flux continuel, & vous voulez inſpirer des feux conſtans ! Et de quel droit prétendez-vous être aimée aujourd'hui parce que vous l'étiez hier ? Gardez donc le même

me visage, le même âge, le même
humeur ; soyez toujours la même, &
l'on vous aimera toujours si l'on peut.
Mais changer sans cesse, & vouloir toujours qu'on vous aime, c'est vouloir qu'à
chaque instant on cesse de vous aimer ; ce
n'est pas chercher des cœurs constans,
c'est en chercher d'aussi changeans que
vous.

* On méne un Coursier ombrageux à
l'objet qui l'effraye, afin qu'il n'en soit
plus effrayé. C'est ainsi qu'il en faut user
avec ces jeunes gens dont l'imagination
brûle encore quand leur cœur est déja
refroidi, & leur offre dans l'éloigne-
ment des monstres qui disparoissent à
leur aproche.

* Ceux qui veulent philosopher avant
que d'en être capables prennent le sentiment pour de la raison, & contens
d'estimer les choses par l'impression
qu'elles leur font, ils ignorent toujours
leur véritable prix.

* Un cœur droit est le premier orga-

K

ne de la vérité : celui qui n'a rien fen-
ti, ne fait rien aprendre : il ne fait que
flotter d'erreurs en erreurs, il n'acquiert
qu'un vain favoir & de ftériles connoiffances, parce que le vrai raport des
chofes à l'homme, qui eft fa principale
fcience, lui demeure toujours caché.

* Cependant c'eft fe borner à la premiére moitié de cette fcience que de ne
pas étudier encore les raports que les
chofes ont entr'elles pour mieux juger
de ceux qu'elles ont avec nous. C'eft peu
de connoître les paffions humaines, fi
l'on n'en fait apprécier les objets ; & cette
feconde étude ne peut fe faire que dans
le calme de la méditation.

* La jeuneffe du Sage eft le tems de
fes expériences ; fes paffions en font les
inftrumens : mais après avoir apliqué fon
ame aux objets extérieurs pour les fentir, il la retire au-dedans de lui pour les
confidérer, les comparer, les connoître.

* Ce fiécle de Philofophie ne paffera
point fans avoir produit un vrai Philofo-

phe. Il éxiste , & Genève joint au bonheur de le posséder , celui de l'honorer
autant qu'il le mérite. C'est le savant &
modeste ABAUZIT, vieillard vénérable
& vertueux. Il n'a point été prôné par
les beaux esprits ; leurs bruyantes Aca-
démies n'ont point retenti de ses éloges ;
au lieu de déposer comme eux la sagesse dans des Livres, il l'a mise dans sa
vie , pour l'éxemple de la patrie qu'il a
daigné se choisir , qu'il aime , & qui le
respecte. Il a vécu comme Socrate ; mais
Socrate mourut par les mains de ses Con-
citoyens , & Abauzit est chéri par les
siens (*).

* Les passions les plus à craindre ne
sont pas celles qui, en nous faisant une
guerre ouverte , nous avertissent de nous

(*) C'est avec un extrême plaisir que j'ai copié
ce passage. Il y a trente ans que je rends les
mêmes hommages à l'incomparable M. Abauzit ;
& j'ai toujours soigneusement profité des occasions de lui en faire parvenir les assurances.

K 2

mettre en défenfe ; qui nous laiffent, quoiqu'elles faffent, la confcience de toutes nos fautes , & auxquelles on ne céde jamais qu'autant qu'on leur veut céder. Il faut plutôt redouter celles dont l'illufion trompe au lieu de contraindre, & nous fait faire fans le favoir , autre chofe que ce que nous voulons.

* On n'a befoin que de foi pour réprimer fes penchans ; on a quelquefois befoin d'autrui pour difcerner ceux qu'il eft permis de fuivre : & c'eft à quoi fert l'amitié d'un homme fage qui voit pour nous fous un autre point de vue , les objets que nous avons intérêt à bien connoître.

* Il faut une ame faine pour fentir les charmes de la retraite ; on ne voit guére que les gens de bien fe plaire au fein de leur famille , & s'y renfermer volontairement ; s'il eft au monde une vie heureufe , c'eft fans doute celle qu'ils y paffent. Mais les inftrumens du bonheur ne font rien pour qui ne fait pas

les mettre en œuvre; & l'on ne fent en quoi le vrai bonheur confifte qu'autant qu'on eft propre à le goûter.

* Un bien qui n'augmente point, eft fujet à diminuer par des accidens ; mais fi cette raifon eft un motif pour l'augmenter, quand ceffera-t'elle d'être un prétexte pour l'augmenter toujours ? L'infatiable avidité fait ainfi fon chemin fous le mafque de la prudence, & méne au vice à force de chercher la fûreté.

* C'eft en vain qu'on prétend donner aux chofes humaines une folidité qui n'eft pas dans leur nature. La raifon même veut que nous laiffions beaucoup de chofes au hazard ; & fi notre vie & notre fortune en dépendent toujours malgré nous, quelle folie de fe donner fans ceffe un tourment réel pour prévenir des maux douteux, & des dangers inévitables !

* L'ordre & la régle tiennent lieu d'épargne, & l'on peut s'enrichir de ce qu'on dépenfe.

* Il n'y a point de richesse abfolue. Ce mot ne fignifie qu'un raport de furabondance entre les defirs & les facultés de l'homme riche ; tel eft riche avec un arpent de terre ; tel eft gueux au milieu de fes monceaux d'or. Le défordre & les fantaifies n'ont point de bornes, & font plus de pauvres que les vrais befoins.

* Le grand défaut des maifons bien réglées eft d'avoir un air trifte & contraint. L'extrême follicitude des chefs fent toujours un peu l'avarice. Tout refpire la gêne autour d'eux ; la rigueur de l'ordre a quelque chofe de fervile qu'on ne fuporte point fans peine. Les domeftiques font leur devoir, mais ils le font d'un air mécontent & craintif. Les hôtes font bien reçus ; mais ils n'ufent qu'avec défiance de la liberté qu'on leur donne : & comme on s'y voit toujours hors de la régle, on n'y fait rien qu'en tremblant de fe rendre indifcret.

* Un des principaux devoirs d'un bon pere de famille, c'eft non-feulement

de rendre fon féjour riant, afin que fes
enfans s'y plaifent, mais d'y mener lui-
même une vie agréable & douce, afin
qu'ils fentent qu'on eft heureux en vivant comme lui, & ne foyent jamais
tentés de prendre, pour l'être, une conduite opofée à la fienne.

* Le premier pas vers le bien eft de
ne point faire de mal, le premier pas
vers le bonheur eft de ne point fouffrir.
Ces deux maximes bien entendues épar-
gneront beaucoup de préceptes de morale.

* Il n'eft pas plus aifé à une ame
bonne & fenfible d'être heureufe en
voyant des miférables, qu'à l'homme
droit de conferver fa vertu toujours pure,
en vivant fans ceffe au milieu des méchans. Une telle ame n'a point cette pitié barbare qui fe contente de détourner
les yeux des maux qu'elle pourroit fou-
lager; elle les va chercher pour les
guérir. C'eft l'éxiftence, & non la vue
des malheureux, qui la tourmente; il

ne lui suffit pas de ne point savoir qu'il
y en a, il faut pour son repos qu'elle
sache qu'il n'y en a pas, du moins autour d'elle : car ce seroit sortir des
termes de la raison que de faire dé-
pendre son bonheur de celui de tous les
hommes.

* Tous les soins qu'en prend du bonheur d'autrui, doivent être dirigés par
la sagesse, afin qu'il n'en résulte jamais d'abus. N'est pas toujours bienfaisant qui veut, & souvent tel croit rendre de grands services qui fait de grands
maux qu'il ne voit pas, pour un petit
bien qu'il aperçoit.

* Une qualité rare dans les femmes
du meilleur caractére, c'est un discer-
nement exquis dans la distribution de
leurs bienfaits, soit par le choix des
moyens de les rendre utiles, soit par
le choix des gens sur qui elles les ré-
pandent.

* La maxime des bons cœurs c'est
de compter pour bons tous ceux dont

la

la méchanceté ne leur eſt pas prouvée, & il y a bien peu de méchans qui n'ayent l'adreſſede ſe mettre à l'abri des preuves.

* C'eſt une charité pareſſeuſe que celle des riches, qui payent en argent aux malheureux le droit de rejetter leurs prieres, & pour un bienfait imploré ne ſavent que donner l'aumône. De tous les ſecours dont on peut ſoulager les malheureux, l'aumône eſt à la vérité celui qui coûte le moins de peine; mais il eſt auſſi le plus paſſager & le moins ſolide.

*La condition naturelle eſt de cultiver la terre, & de vivre de ſes fruits. Le paiſible habitant des champs n'a beſoin pour ſentir ſon bonheur que de le connoître. Tous les vrais plaiſirs de l'homme ſont à ſa portée ; il n'y a que les peines inſéparables de l'humanité, des peines que celui qui croit s'en délivrer, ne fait qu'échanger contre d'autres plus cruelles.

* L'homme ſorti de ſa premiére ſim-

L

plicité devient si stupide, qu'il ne sait pas même desirer. Ses souhaits exaucés le méneroient tous à la fortune, jamais à la félicité.

L'agriculture est la seule occupation nécessaire & la plus utile. Elle ne produit un état malheureux que quand les autres la tyrannisent par leur violence, ou la séduisent par l'exemple de leurs vices. C'est en elle que consiste la véritable prospérité d'un pays, la force & la grandeur qu'un peuple tire de lui-même, qui ne dépend en rien des autres Nations, qui ne contraint jamais d'attaquer pour se soutenir, & donne les plus sûrs moyens de se défendre. Quand il est question d'estimer la puissance publique, le bel esprit visite les Palais du Prince, ses ports, ses troupes, ses arsenaux, ses villes ; le vrai politique parcourt les terres & va dans la chaumiére du laboureur. Le premier voit ce qu'on a fait, & le second ce qu'on peut faire.

C'eſt une bonne maxime dans ceux qui ont de l'autorité, de ne point favoriſer les changemens de condition, mais de contribuer à rendre chacun heureux dans la ſienne. Il faut ſur-tout empêcher que la plus heureuſe de toutes, qui eſt celle du villageois dans un Etat libre, ne ſe dépeuple en faveurdes autres.

* La Nature ſemble à la vérité avoir partagé les talens aux hommes, pour leur donner à chacun leur emploi ſans égard à la condition dans laquelle ils ſont nés. Mais il y a deux choſes à conſidérer avant le talent, ſavoir les mœurs & la félicité. L'homme eſt un être trop noble pour devoir ſervir ſimplement d'inſtrument à d'autres ; & l'on ne doit point l'employer à ce qui leur convient ſans conſulter auſſi ce qui lui convient à lui-même : car les hommes ne ſont pas faits pour les places, mais les places ſont faites pour eux ; & pour diſtribuer convenablement les choſes, il ne faut pas tant chercher dans leur partage l'em-

ploi auquel chaque homme eft propre ; que celui qui eft le plus propre à cha- que homme, pour le rendre bon & heu- reux autant qu'il eft poffible. Il n'eft jamais permis de détériorer une ame humaine pour l'avantage des autres, ni de faire un fcélérat pour le fervice des honnêtes gens.

* Pour fuivre fon talent il faut le connoître. Ce n'eft pas une chofe ai- fée de difcerner toujours les talens des hommes, & à l'âge où l'on prend un parti, on a beaucoup de peine à bien connoître ceux des enfans qu'on a le mieux obfervés, à plus forte raifon ceux qui ont été négligés. Rien n'eft plus équivoque que les fignes d'inclina- tion qu'on donne dès l'enfance ; l'efprit imitateur y a fouvent plus de part que le talent : ils dépendent plutôt d'une rencontre fortuite que d'un penchant décidé, & le penchant même n'an- nonce pas toujours la difpofition.

* Le vrai talent, le vrai génie, &

une certaine fimplicité, qui le rend
moins inquiet, moins remuant, moins
prompt à fe montrer, qu'un aparent &
faux talent qu'on prend pour véritable,
& qui n'eſt qu'une vaine ardeur de briller, fans moyens pour y réuſſir. Tel
entend un tambour & veut être Général:
un autre voit bâtir & fe croit Archi-
tecte.

* On n'a des talens que pour s'élever;
perſonne n'en a pour defcendre. Eſt-ce
bien là l'ordre de la Nature?

* Quand chacun connoîtroit fon talent, & voudroit le fuivre, combien le
pourroient? Combien furmonteroient
d'injuſtes obſtacles? Combien vain-
croient d'indignes concurrens? Celui
qui fent fa foibleſſe, apelle à fon fe-
cours le manége & la brigue, que l'autre, plus fûr de lui, dédaigne.

* Tant d'établiſſemens en faveur des
Arts ne font que leur nuire. En multi-
pliant indifcrettement les fujets, on les
confond; le vrai mérite reſte étouffé

L 3

dans la foule, & les honneurs dûs au plus habile font tous pour le plus intrigant.

* S'il éxiftoit une fociété où les emplois & les rangs fuffent éxactement mefurés fur les talens & le mérite perfonnel, chacun pourroit afpirer à la place qu'il fauroit le mieux remplir; mais il faut fe conduire par des régles plus fûres, & renoncer au prix des talens, quand le plus vil de tous eft celui qui mene à la fortune.

* Il ne paroît pas même expédient que tant de talens divers foyent tous dévelopés; car il faudroit pour cela que le nombre de ceux qui les poffédent fût éxactement proportionné aux befoins de la fociété; & fi l'on ne laiffoit au travail de la terre que ceux qui ont éminemment le talent de l'agriculture, ou qu'on enlevât à ce travail tous ceux qui font plus propres à un autre, il ne refteroit pas affez de laboureurs pour la cultiver & nous faire vivre.

* Les talens des hommes font comme les vertus des drogues que la Nature nous donne pour guérir nos maux, quoique fon intention foit que nous n'en ayons pas befoin. Il y a des plantes qui nous empoifonnent, des animaux qui nous dévorent, des talens qui nous font pernicieux. S'il falloit toujours employer chaque chofe felon fes principales propriétés, peut-être feroit-on moins de bien que de mal aux hommes.

* Les peuples bons & fimples n'ont pas befoin de tant de talens : ils fe foutiennent mieux par leur fimplicité que les autres par toute leur induftrie. Mais à mefure qu'ils fe corrompent, leurs talens fe dévelopent comme pour fervir de fuplément aux vertus qu'ils perdent, & pour forcer les méchans d'être utiles eux-mêmes en dépit d'eux.

* La plûpart des mendians font des vagabonds ; mais il faudroit bien peu connoître les peines de la vie pour ignorer par combien de malheurs un hon-

nête homme peut se trouver réduit à leur sort. Comment puis - je être sûr que l'inconnu qui vient implorer au nom de Dieu mon assistance, n'est pas, peut-être, cet honnête homme prêt à périr de misére, & que mon refus va réduire au désespoir ?

* Celui qui dit : *Dieu vous assiste*, devroit penser que les dons de Dieu sont dans la main des hommes, & qu'il n'a point d'autres greniers sur la terre que les magasins des riches.

* Si l'on ne doit rien au gueux qui mendie, au moins se doit-on à soi-même de rendre honneur à l'humanité, ou à son image, & de ne point s'endurcir le cœur à l'aspect de ses miséres.

* Une bonne mere s'amuse pour amuser ses enfans, comme la colombe amollit dans son estomac le grain dont elle veut nourrir ses petits.

* L'art de jouir consiste principalement dans celui des privations, non de ces privations pénibles & douloureuses

qui bleffent la nature , & dont fon au_
teur dédaigne l'hommage infenfé, mais
des privations paffagéres & modérées,
qui confervent à la raifon fon empire,
& fervant d'affaifonnement au plaifir,
en préviennent le dégoût & l'abus.

* Tout ce qui tient aux fens , &
n'eft pas néceffaire à la vie , change
de nature auffi-tôt qu'il tourne en habitude ; il ceffe d'être un plaifir, en
devenant un befoin : c'eft à la fois une
chaîne qu'on fe donne & une jouiffance dont on fe prive. Prévenir toujours
les defirs, n'eft pas l'art de les contenter, mais de les éteindre.

* Le meilleur moyen de donner du
prix aux moindres chofes, c'eft de fe
les refufer vingt fois pour en jouir une.
Une ame fimple conferve ainfi fon premier reffort ; fon goût ne s'ufe point ;
elle n'a jamais befoin de le ranimer par
des excès, & fouvent elle favoure avec
délice un plaifir d'enfant qui feroit in-
fipide à tout autre.

* On arrive par le même moyen à un but plus noble encore : c'est de rester maître de soi-même, d'accoutumer ses passions à l'obéissance, & de plier tous ses desirs à la régle. C'est un nouveau moyen d'être heureux, car on ne jouit sans inquiétude que de ce qu'on peut perdre sans peine : & si le vrai bonheur apartient au Sage, c'est parce qu'il est de tous les hommes celui à qui la fortune peut le moins ôter.

* La vie est courte ; c'est une raison d'en user jusqu'au bout, & de dispenser avec art sa durée, afin d'en tirer le meilleur parti qu'il est possible. Si un jour de satiété nous ôte un an de jouissance, c'est une mauvaise philosophie d'aller toujours jusqu'où le desir nous méne, sans considérer si nous ne serons point au bout de nos facultés plutôt que de notre carriére, & si notre cœur épuisé ne mourra point avant nous.

Les vulgaires Epicuriens, pour ne vouloir jamais perdre une occasion, les

perdent toutes, & toujours ennuyés au
fein du plaifir, n'en favent jamais trouver aucun. Ils prodiguent le tems qu'ils
penfent économifer, & fe ruinent comme les avares pour ne favoir rien perdre à propos.

* L'ennui d'être toujours à fon aife
devient à la fin le pire de tous. L'art
d'affaifonner les plaifirs n'eft que celui
d'en être avare.

* Les femmes ont le talent naturel de
changer quelquefois les idées & les fentimens des hommes, par un ajuftement
différent, par une coëffure d'une autre
forme, par une robe d'une autre couleur, & d'éxercer fur les cœurs l'empire du goût en faifant de rien quelque
chofe.

* La magnificence confifte moins dans
la richeffe de certaines chofes que dans
un bel ordre de tout, qui marque le
concert des parties, & l'unité d'intention de l'ordonnateur : ou, fi l'on veut,
la véritable magnificence, c'eft l'ordre

rendu fensible dans le grand ; ce qui fait que de tous les spectacles imaginables, le plus magnifique est celui de la Nature.

* Pour dédaigner l'éclat & le luxe on a moins besoin de modération que de goût. La symmétrie & la régularité plaît à tous les yeux. L'image du bien-être & de la félicité touche le cœur qui en est avide : mais un vain apareil qui ne se raporte ni à l'ordre ni au bonheur, & n'a pour objet que de fraper les yeux, quelle idée favorable à celui qui l'étale peut-il exciter dans l'esprit du spectateur ? L'idée du goût ? Le goût ne paroît-il pas cent fois mieux dans les choses simples que dans celles qui sont offusquées de richesses ? L'idée de la commodité ? Y a-t'il rien de plus incommode que le faste ? L'idée de la grandeur ? c'est précisément le contraire.

* Celui qui voulut bâtir une haute tour faisoit bien de la vouloir porter

jufqu'au Ciel : autrement il eût eu
beau l'élever ; le point où il fe fût ar-
rêté n'eût fervi qu'à donner de plus loin
la preuve de fon impuiffance. O homme petit & vain, montre-moi ton pouvoir, je te montrerai ta miſére.

* Un homme fenfé ne fauroit contempler une heure durant le Palais d'un
Prince & le fafte qu'on y voit briller,
fans tomber dans la mélancolie & dé-
plorer le fort de l'humanité. Au contraire, un ordre de chofes où rien n'eft
donné à l'opinion, où tout a fon utilité réelle, & qui fe borne aux vrais befoins de la nature, n'offre pas feulement
un fpectacle aprouvé par la raifon, mais
qui contente les yeux & le cœur, en
ce que l'homme ne s'y voit que fous des
raports agréables, comme fe fuffifant à
lui-même ; que l'image de fa foibleffe
n'y paroît point, & que ce riant tableau n'excite jamais de réfléxions at-
triftantes.

* L'effet de chaque chofe, dans un

plan d'économie, vient moins d'elle-
même que de son usage & de son accord
avec le reste; de sorte qu'avec des parties de peu de valeur on peut faire un
tout d'un grand prix. Le goût aime à
créer, & à donner seul la valeur aux
choses. Autant la loi de la mode est
inconstante & ruineuse, autant la sienne
est économe & durable. Ce que le bon
goût aprouve une fois est toujours bien;
s'il est rarement à la mode, en revan-
che il n'est jamais ridicule : & dans sa
modeste simplicité il tire de la conve-
nance des choses, des régles inaltéra-
bles & sûres, qui restent quand les
modes ne sont plus.

* L'abondance du seul nécessaire ne
peut dégénérer en abus; parce que le
nécessaire a sa mesure naturelle, &
que les vrais besoins n'ont jamais d'excès. On peut mettre la dépense de vingt
habits en un seul, & manger en un re-
pas le revenu d'une année; mais on ne
sauroit porter deux habits en même-

tems, ni dîner deux fois en un jour. Ainfi l'opinion eft illimitée, au lieu que la
nature nous arrête de tous côtés ; & celui qui dans un état médiocre fe borne
au bien-être, ne rifque point de fe rui-
ner.

* On a d'abord peine à comprendre
comment on jouit de ce qu'on épargne,
& il faut du tems pour apercevoir que
les loix fomptuaires menent à l'aifance
& au plaifir. En y réfléchiffant le contentement augmente, parce qu'on voit
que la fource en eft intariffable, & que
l'art de goûter le bonheur de la vie fert
encore à le prolonger. Comment fe
lafferoit-on de l'état le plus conforme à
la nature ? Comment épuiferoit-on fon
héritage en l'améliorant tous les jours ?
Comment ruineroit-on fa fortune en ne
confommant que fes revenus ? Quand
chaque année on eft fûr de la fuivante,
qui peut troubler la paix de celle qui
court ? Le fruit du labeur paffé foutient
l'abondance préfente, & le fruit du la-

beur prefent annonce l'abondance à venir ; on jouit à la fois de ce qu'on dépenfe & de ce qu'on recueille, & les
divers tems fe raffemblent pour affer-
mir la fécurité du prefent.

* Quand le produit & l'emploi fe
trouvent toujours compenfés par la nature des chofes, la balance ne peut être
rompue, & il eft impoffible de fe dé-
ranger.

* Se plaire dans la durée de fon
état, c'eft un figne affuré qu'on y vit
heureux. Quiconque eft dans cette fituation, content de fa journée, n'en
defire point une différente pour le len-
demain, & tous les matins il demande
au Ciel un jour femblable à celui de la
veille : il fait toujours les mêmes chofes, parce qu'elles font bien, & qu'il
ne connoît rien de mieux à faire. C'eft-
là fans doute jouir de toute la félicité
permife à l'homme.

* Au lieu de ces tas de défœuvrés
qu'on apelle bonne compagnie, il faudroit

droit mieux rassembler des personnes qui intéressent le cœur par quelque endroit avantageux, & qui rachetent quelques ridicules par mille vertus.

* L'entretien même des paysans a des charmes pour les ames élevées. Or trouve dans la naïveté villageoise des caractéres plus marqués, plus d'hommes pensans par eux-mêmes, que sous le masque uniforme des habitans des villes, où chacun se montre comme sont les autres, plutôt que comme il est lui-même. On trouve aussi en eux des cœurs sensibles aux moindres caresses, & qui s'estiment heureux de l'intérêt qu'on prend à leur bonheur. Leur cœur ni leur esprit ne sont point façonnés par l'art : ils n'ont point apris à se former sur nos modèles, & l'on n'a pas peur de trouver en eux l'homme de l'homme au lieu de celui de la Nature.

* S'il est des bénédictions humaines que le Ciel daigne éxaucer, ce ne sont point celles qu'arrachent la flatterie &

M

la baſſeſſe en preſence des gens qu'on
loue ; mais celles que dicte en ſecret un
cœur ſimple & reconnoiſſant au coin d'un
foyer ruſtique.

* Un ſentiment agréable & doux
peut couvrir de ſon charme une vie inſi-
pide à des cœurs indifférens. Les ſoins,
les travaux, la retraite, peuvent devenir des amuſemens par l'art de les diriger. Une ame ſaine peut donner du goût
à des occupations communes, comme
la ſanté du corps fait trouver bons les
alimens les plus ſimples. Tous ces gens
ennuyés qu'on amuſe avec tant de peine,
doivent leur dégoût à leurs vices, & ne
perdent le ſentiment du plaiſir qu'avec
celui du devoir.

* Si l'amour éteint jette l'ame dans
l'épuiſement, l'amour ſubjugué lui donne avec la confiance de ſa victoire une
élévation nouvelle, & un attrait plus
vif pour tout ce qui eſt grand & beau.

* On prétend que la converſation de
amis ne tarit jamais. Mais la langue ne

fournit un babil si facile qu'aux attachemens médiocres. Le silence, l'état
de contemplation, a de plus grands
charmes pour des hommes sensibles.
Les importuns empêchent de le goûter; & les amis ont besoin d'être sans
témoin pour pouvoir ne se rien dire à
leur aise.

* On ne peut envier du rang suprême que le plaisir de s'y faire aimer.

* La première & la plus importante
éducation, celle précisément que tout
le monde oublie (*) est de rendre un
enfant propre à être élevé. Une erreur
commune à tous les parens qui se pi-
quent de lumiéres, est de suposer leurs
enfans raisonnables dès leur naissance,
& de leur parler comme à des hommes, avant même qu'ils sachent parler.

(*) *Locke lui-même, le sage Locke l'a ou-*
blié; il dit bien plus ce qu'on doit éxiger des
enfans que ce qu'on doit faire pour l'obtenir.
Note de M. R.

M 2

La raison est l'instrument qu'on pense employer à les instruire, au lieu que les autres instrumens doivent servir à former celui là, & que de toutes les instructions propres à l'homme, celle qu'il acquiert le plus tard & le plus difficilement, est la raison même. En leur parlant dès leur bas âge une langue qu'ils n'entendent pas, on les accoutume à se payer de mots, à en payer les autres, à contrôler tout ce qu'on leur dit, à se croire aussi sages que leurs Maîtres, à devenir disputeurs & mutins ; & tout ce qu'on pense obtenir d'eux par des motifs raisonnables, on ne l'obtient en effet que par ceux de crainte ou de vanité qu'on est toujours forcé d'y joindre.

* La Nature veut que les enfans soient enfans avant que d'être hommes. Si nous voulons pervertir cet ordre, nous produirons des fruits précoces, qui n'auront ni maturité ni saveur, & ne tarderont pas à se corrompre ; nous

aurons de jeunes docteurs & de vieux enfans. L'enfance a des maniéres de voir, de penfer, de fentir, qui lui font propres. Rien n'eft moins fenfé que d'y vouloir fubftituer les nôtres, & j'aimerois autant éxiger qu'un enfant eût cinq pieds de haut que du jugement à dix ans. (*)

(*) *Je fuis fort éloigné d'entrer dans toutes les idées que M. R. propofe ici au fujet de l'éducation ; mais je n'entreprendrai point de les éxaminer en détail. Ici feulement je dirai qu'il paroît confondre les enfans raifonneurs avec les enfans raifonnables, & ne pas fentir que c'eft uniquement en les rendant raifonnables & fenfés qu'on les empêchera d'être raifonneurs. Jamais un enfant ne fe trouvera mal d'avoir eu le jugement formé de bonne heure. Le tempérament, l'organifation, éxigent fans doute qu'on s'y prenne différemment avec des individus qui différent à ces égards ; mais le but commun auquel on doit les conduire tous, & même par la voye la plus courte, c'eft l'éxercice de la raifon. Il faut avoir vu beaucoup d'enfans, & en avoir eu foi-même, qu'on ait élevés avec foin, pour raifonner pertinemment fur ces matiéres. Cela pofé, nous ne joindrons plus aucun correctif aux paffages fuivans.*

* La raifon ne commence à fe former qu'au bout de plufieurs années, &
quand le corps a pris une certaine con-
fiftance. L'intention de la nature eft
donc que le corps fe fortifie avant que
l'efprit s'éxerce. Les enfans font toujours en mouvement ; le repos & la réfléxion font l'averfion de leur âge ; une
vie apliquée & fédentaire les empéche
de croître & de profiter ; leur efprit, ni
leur corps , ne peuvent fuporter la contrainte. Sans ceffe enfermés dans une
chambre avec des livres , ils perdent
toute leur vigueur ; ils deviennent dé-
licats , foibles , mal-fains , plutôt hé-
bétés que raifonnables : & l'ame fe
fent toute la vie du dépériffement du
corps.

* Quand toutes les inftructions pré-
maturées profiteroient au jugement des
enfans autant qu'elles y nuifent, encore
y auroit-il un très-grand inconvénient
à les leur donner indiftinctement , &
fans égard à celles qui convienent par

préférence au génie de chaque enfant.
Outre la conſtitution commune à l'eſpéce, chacun aporte en naiſſant un
tempérament particulier qui détermine
ſon génie & ſon caractére, & qu'il
ne s'agit ni de changer ni de contraindre, mais de former & de perfec-
tionner.

* Tous les caractéres ſont bons &
ſains en eux-mêmes. Il n'y a point d'erreurs dans la Nature. Tous les vices
qu'on impute au naturel ſont l'effet des
mauvaiſes formes qu'il a reçues. Il n'y
a point de ſcélérat dont les penchans
mieux dirigés n'euſſent produit de grandes vertus. Il n'y point d'eſprit faux
dont on n'eût tiré des talens utiles en
le prenant d'un certai n biais, comme ces figures difformes & monſtrueuſes
qu'on rend belles & bien proportion-
nées en les mettant au point de vue.

* Tout concourt au bien commun
dans le ſyſtême univerſel. Tout homme a ſa place aſſignée dans le meilleur

ordre des chofes; il s'agit de trouver cette place, & de ne pas pervertir cet ordre. Qu'arrive-t'il d'une éducation commencée dès le berceau, & toujours fous une même formule, fans égard à la prodigieufe diverfité des efprits? Qu'on donne à la plûpart des inftructions nuifibles ou déplacées; qu'on les prive de celles qui leur conviendroient; qu'on gêne de toutes parts la Nature; qu'on efface les grandes qualités de l'ame, pour en fubftituer de petites & d'aparentes qui n'ont aucune réalité; qu'en éxerçant indiftinctement aux mêmes chofes tant de talens divers, on efface les uns par les autres, on les confond tous; qu'après bien des foins perdus à gâter dans les enfans les vrais dons de la Nature, on voit bientôt ternir cet éclat paffager & frivole qu'on leur préfére, fans que le naturel étouffé revienne jamais; qu'on perd à la fois ce qu'on a détruit & ce qu'on a fait; qu'enfin, pour le prix de tant de

peine

peine indifcrettement prife, tous ces petits prodiges deviennent des efprits fans force, des hommes fans mérite, uniquement remarquables par leur foibleffe & leur inutilité.

* Corriger la Nature ? Ce mot eft beau, mais fur quoi porte-t'il? La chofe eft-elle poffible, fi cette diverfité d'efprits & de génies qui diftinguent les individus eft l'ouvrage de la nature? On objecte à la vérité que cela n'eft rien moins qu'évident. Car enfin, dit-on, fi les efprits font différens, ils font inégaux; & fi la Nature les a rendus inégaux, c'eft en douant les uns préférablement aux autres d'un peu plus de fineffe de fens, d'étendue de mémoire ou de capacité d'attention. Or, quant aux fens & à la mémoire, il eft prouvé par l'expérience, que leurs divers degrés d'étendue & de perfection ne font point la mefure de l'efprit des hommes : & quant à la capacité d'attention, elle dépend unique-

N

ment de la force des paſſions qui nous
animent, & il eſt encore prouvé que
tous les hommes ſont, par leur nature, ſuſceptibles de paſſions aſſez fortes
pour les douer du degré d'attention auquel eſt attachée la ſupériorité de l'eſprit. Que ſi la diverſité des eſprits, au
lieu de venir de la nature, étoit un effet
de l'éducation, c'eſt-à-dire, des diverſes idées, des divers ſentimens qu'excitent en nous dès l'enfance les objets qui
nous frapent, les circonſtances où nous
nous trouvons, & toutes les impreſſions
que nous recevons, bien loin d'attendre pour élever les enfans qu'on con-
nût le caractére de leur eſprit, il faudroit au contraire ſe hâter de déterminer convenablement ce caractére par
une éducation propre à celui qu'on veut
leur donner.

* A ces difficultés on répond que ce
ne ſont que des ſubtilités, qui ne va-
lent peut-être pas mieux que les chiméres des Aſtrologues, & qu'il faut s'en

tenir à l'obfervation. Elle nous aprend
qu'il y a des caractéres qui s'annoncent
prefque en naiffant, & des enfans qu'on
peut élever fur le fein de leur nourrice.
Ceux-là font une claffe à part, & s'é-
lévent en commençant de vivre. Mais,
quant aux autres qui fe dévelopent moins
vîte, vouloir former leur efprit avant de
le connoître, c'eft s'expofer à gâter le
bien que la nature a fait, & à faire plus
mal à fa place. Platon foutenoit que
tout le favoir humain, toute la philofophie ne pouvoit tirer d'une ame humaine que ce que la Nature y avoit mis ;
comme toutes les opérations chimiques
n'ont jamais tiré d'aucun mixte qu'autant d'or qu'il en contenoit déja. Cela
n'eft vrai, ni de nos fentimens, ni
de nos idées ; mais de nos difpofitions
à les acquérir. Pour changer un efprit,
il faudroit changer l'organifation intérieure ; pour changer un caractére, il
faudroit changer le tempérament dont il
dépend.

N 2

* Avez-vous jamais ouï dire qu'un emporté ſoit devenu flegmatique, & qu'un eſprit mélancolique & froid ait acquis de l'imagination? Il ſeroit tout auſſi aiſé de faire d'un blond un brun, & d'un ſot un homme d'eſprit. C'eſt donc en vain qu'on prétendroit refondre les divers eſprits ſur un modèle commun. On peut les contraindre, mais non les changer; on peut empêcher les hommes de ſe montrer tels qu'ils ſont, mais non les faire devenir autres; & s'ils ſe déguiſent dans le cours ordinaire de la vie, vous les verrez dans toutes les occaſions importantes reprendre leur caractére originel, & s'y livrer avec autant moins de régle, qu'ils n'en connoiſſent plus en s'y livrant.

* Il ne s'agit donc point de changer le caractére, & de plier le naturel; mais au contraire de le pouſſer auſſi loin qu'il peut aller, de le cultiver, & d'empêcher qu'il ne dégénére, car c'eſt ainſi qu'un homme devient tout ce qu'il peut être, & que l'ouvrage de la nature s'a-

chéve en lui par l'éducation. Or, avant de cultiver le caractére, il faut l'étudier, attendre paifiblement qu'il fe montre, lùi fournir les occafions de fe montrer, & toujours s'abftenir de rien faire, plutôt que d'agir mal-à-propos.

* A tel génie il faut donner des aîles, à d'autres des entraves : l'un veut être preffé, l'autre retenu ; l'un veut qu'on le flatte, & l'autre qu'on l'intimide : il faudroit tantôt éclairer, tantôt abrutir. Tel homme eft fait pour porter la connoiffance humaine jufqu'au dernier terme : à tel autre il eft même funefte de favoir lire. Attendons la premiére étincelle de la raifon : c'eft elle qui fait fortir le caractére & lui donne la véritable forme ; c'eft par elle auffi qu'on le cultive, & il n'y a point avant la raifon de véritable éducation pour l'homme.

* Ceux qui font deftinés à vivre dans la fimplicité champêtre n'ont pas befoin pour être heureux, du dévelopement

N 3

de leurs facultés. Mais dans l'état civil
où l'on a moins befoin de bras que de
têtes , & où chacun doit compte à foi-
même & aux autres de tout fon prix ,
il importe d'aprendre à tirer des hommes tout ce que la nature leur a donné ,
à les diriger du côté où ils peuvent aller
le plus loin , & fur-tout à nourrir leurs
inclinations de tout ce qui peut les rendre utiles.

* Dans le premier cas on n'a d'égard
qu'à l'efpéce , chacun fait ce que font
tous les autres , l'éxemple eft la feule
régle , l'habitude eft le feul talent , &
nul n'éxerce de fon ame que la partie
commune à tous. Dans le fecond , on
s'aplique à l'individu , à l'homme en général : on ajoute en lui tout ce qu'il peut
avoir de plus qu'un autre ; on le fuit
auffi loin que la nature le méne , & l'on
en fera le plus grand des hommes , s'il
a ce qu'il faut pour le devenir.

* Ces maximes fe contredifent fi peu ,
que la pratique en eft la même pour le

premier âge. N'inftruifez point l'enfant
du villageois, car il ne lui convient pas
d'être inftruit. N'inftruifez point l'enfant du Citadin, car vous ne favez encore quelle inftruction lui convient. En
tout état de caufe, laiffez former le corps
jufqu'à ce que la raifon commence à
poindre. Alors c'eft le moment de la
cultiver.

* Mais, dira-t'on, cette méthode n'a-
t'elle pas le grand inconvénient de laiffer prendre aux enfans mille mauvaifes
habitudes qu'on ne prévient que par les
bonnes ? On répond que les inconvéniens de l'efclavage font encore plus
grands. La nature affujettit les enfans
de tant de maniéres, qu'il eft barbare
d'ajouter à cet affujettiffement l'empire
de nos caprices, en leur ôtant une liberté fi bornée, & dont ils peuvent fi
peu abufer. Il vaut mieux leur laiffer
l'ufage de toutes leurs petites forces,
& ne gêner en eux nul des mouvemens
de la nature. On gagne à cela deux grands

avantages ; l'un d'écarter de leur ame
naissante le mensonge, la vanité, la co-
lére, l'envie, en un mot tous les vices
qui naissent de l'esclavage, & qu'on est
contraint de fomenter dans les enfans
pour obtenir d'eux ce qu'on en éxige ;
l'autre de laisser librement fortifier le
corps par l'éxercice continuel que l'ins-
tinct lui demande.

  * Il faut en particulier accoutumer les
enfans à courir tête nue au Soleil, au
froid, à s'essouffler, à se mettre en sueur ;
ils s'endurcissent par - là comme les
paysans aux injures de l'air, & se rendent plus robustes en vivant plus contens. Rien de plus dangereux que cette
pusillanimité meurtriére, qui, à force
de délicatesse & de soins effémine un enfant, le tourmente par une éternelle contrainte, l'enchaîne par mille vaines précautions, enfin l'expose pour toute sa vie
aux périls inévitables dont elle veut le
préserver un moment ; & pour lui sau-
ver quelques rhumes dans son enfance,

lui prépare de loin des fluxions de poi-
trine, des pleuréfies, des coups de foleil, & la mort, étant grand.

* Ce qui pourroit rendre les enfans
livrés à eux-mêmes mauvais & vicieux,
c'eft lorfque non contens de faire leur
propre volonté, ils la font encore faire
aux autres, & cela par l'infenfée indul-
gence des meres à qui l'on ne complaît
qu'en fervant toutes les fantaifies de leurs
enfans. Une route nouvelle & fûre à cet
égard, pour rendre à la fois un enfant
libre, paifible, careffant, docile, &
cela par un moyen fort fimple, c'eft de
le convaincre qu'il n'eft qu'un enfant.

* A confidérer l'enfance en elle-même, y a-t'il au monde un être plus foible, plus miférable, plus à la merci de
tout ce qui l'environne, qui ait fi grand
befoin de pitié, d'amour, de protection,
qu'un enfant ? Ne femble-t'il pas que
c'eft pour cela que les premiéres voix
qui lui font fuggérées par la nature font
les cris & les plaintes ; qu'elle lui a don-

né une figure ſi douce , & un air ſi touchant , afin que tout ce qui l'aproche
s'intéreſſe à ſa foibleſſe , & s'empreſſe
à le ſecourir ? Qu'y a-t'il donc de plus
choquant , de plus contraire à l'ordre ,
que de voir un enfant impérieux & mutin , commander à tout ce qui l'entoure , prendre impudemment un ton de
maître avec ceux qui n'ont qu'à l'aban-
donner pour le faire périr , & d'aveugles
parens aprouvant cette audace , l'éxercer
à devenir le tyran de ſa nourrice , en attendant qu'il devienne le leur ?

＊ Ainſi on doit éloigner des enfans la
dangereuſe image de l'empire & celle de
la ſervitude , pour ne leur jamais donner
lieu de penſer qu'ils ſoient ſervis par devoir plutôt que par pitié. Ce point eſt
peut-être le plus difficile & le plus im-
portant de toute l'éducation ; & l'un des
principauxmoyens qu'il faille employer,
c'eſt de les bien convaincre de l'impoſ-
ſibilité où les tient leur âge de vivre ſans
notre aſſiſtance. Il faut leur montrer que

tous les secours qu'on est forcé de recevoir d'autrui sont des actes de dépendance que les domestiques ont une véritable supériorité sur l'enfant, en ce qu'il ne sauroit se passer d'eux, tandis qu'il ne leur est bon à rien; de sorte que, bien loin de tirer vanité de leurs services, il doit les recevoir avec une sorte d'humiliation, comme un témoignage de sa foiblesse, & aspirer ardemment au tems où il sera assez grand & assez fort pour avoir l'honneur de se servir lui-même.

* La plûpart des meres font semblant de vouloir que l'enfant obéisse au domestique, & veulent en effet que le domestique obéisse à l'enfant. Personne ici ne doit commander, ni obéir. Il convient qu'un enfant n'obtienne jamais de ceux qui l'aprochent qu'autant de complaisance qu'il en a pour eux. Par-là sentant qu'il n'a sur tout ce qui l'environne d'autre autorité que celle de la bienveillance, il se rend docile & complai-

fant ; en cherchant à s'attacher les cœurs
des autres, le sien s'attache à eux à
son tour, car on aime en se faisant aimer : c'est l'infaillible effet de l'amour-
propre ; &, de cette affection réciproque-
que, née de l'égalité, résultent sans
efforts les bonnes qualités qu'on prêche
sans cesse à tous les enfans, sans jamais
en obtenir aucune.

* La partie la plus essentielle de l'é-
ducation, celle dont il n'est jamais
question dans les éducations les plus
soignées, c'est de lui faire bien sentir sa
misére, sa foiblesse, sa dépendance, le
pésant joug de la nécessité que la nature impose à l'homme ; & cela, non-
seulement afin qu'il soit sensible à ce
qu'on fait pour lui alléger ce joug, mais
sur-tout afin qu'il connoisse de bonne
heure en quel rang l'a placé la Providence, qu'il ne s'éléve point au-dessus
de sa portée, & que rien d'humain ne
lui semble étranger à lui.

* Ce qui nourrit les criailleries des

enfans, c'eſt l'attention qu'on y fait, ſoit pour leur céder, ſoit pour les contrarier. Il ne leur faut quelquefois pour pleurer tout un jour, que s'appercevoir qu'on ne veut pas qu'ils pleurent. Qu'on les flatte ou qu'on les menace, les moyens qu'on prend pour les faire taire ſont tous pernicieux, & preſque toujours ſans effet. Tant qu'on s'occupe de leurs pleurs, c'eſt une raiſon pour eux de les continuer; mais s'en corrigent bien-tôt quand ils voyent qu'on n'y prend pas garde : car, grands & petits, nul n'aime à prendre une peine inutile.

* En ſuivant cette régle, un enfant ne pleure que quand il ſouffre; c'eſt alors la voix de la nature qu'il ne faut pas contraindre; mais il ſe taît à l'inſtant qu'il ne ſouffre plus. On gagne à cela de ſavoir à point nommé quand il ſent de la douleur, & quand il n'en ſent pas; avantage qu'on perd avec ceux qui pleurent par fantaiſie, & ſeulement pour ſe faire apaiſer.

* Quand on ne songe qu'à faire taire l'enfant aujourd'hui, il en pleurera demain davantage. Le pis est que l'obstination qu'il contracte, tire à conséquence dans un âge avancé. La même cause qui le rend criard à trois ans, le rend mutin à douze, querelleur à vingt, impérieux à trente, & insuportable toute sa vie.

* Dans tout ce qu'on accorde aux enfans ils voyent aisément le désir de leur complaire ; dans tout ce qu'on éxige ou qu'on leur refuse, ils doivent suposer des raisons sans le demander. C'est encore un avantage qu'on gagne à user avec eux d'autorité plutôt que de persuasion dans les occasions nécessaires : car, comme il n'est pas possible qu'ils n'aperçoivent quelquefois la raison qu'on a d'en user ainsi, il est naturel qu'ils la suposent lorsqu'ils sont hors d'état de la voir.

* Au contraire, dès qu'on a soumis quelque chose à leur jugement, ils pré-

tendent juger de tout, ils deviennent
fophiftes, fubtils, de mauvaife foi, fé-
conds en chicanes, cherchant toujours
à réduire au filence ceux qui ont la foibleffe de s'expofer à leurs petites lumiéres. Quand on eft contraint de leur
rendre raifon des chofes qu'ils ne font
point en état d'entendre, ils attribuent
au caprice la conduite la plus pruden-
te, fi-tôt qu'elle eft au-deffus de leur
portée.

* En un mot, le feul moyen de les
rendre dociles à la raifon n'eft pas de
raifonner avec eux, mais de les bien
convaincre que la raifon eft au-deffus
de leur âge, car alors ils la fupofent du
côté où elle doit être, à moins qu'on
ne leur donne un jufte fujet de penfer
autrement. Ils favent bien qu'on ne veut
pas les tourmenter quand ils font fûrs
qu'on les aime, & les enfans fe trompent rarement là-deffus. Quand donc
on refufe quelque chofe aux fiens, il
ne faut point argumenter avec eux, leur

dire pourquoi on ne veut pas, mais faire enforte qu'ils le voyent autant qu'il est possible, & quelquefois après coup. De cette maniére ils s'accoutument à comprendre que jamais on ne les refuse sans en avoir une bonne raison, quoiqu'ils ne l'aperçoivent pas toujours.

* Le même principe conduit à ne pas souffrir non plus que les enfans se mêlent dans la conversation des gens raisonnables, & s'imaginent sottement y tenir leur rang comme les autres, quand on y souffre leur babil indiscret. Il suffit qu'ils répondent modestement, & en peu de mots, quand on les interroge, sans parler de leur chef, & surtout sans s'ingérer à questionner hors de propos les gens plus âgés qu'eux auxquels ils doivent du respect.

* Est-ce gêner la liberté des enfans que de les empêcher d'attenter à la nôtre? Et ne sauroient-ils être heureux à moins que toute une compagnie en silence n'admire leurs puérilités? Empêcher

cher leur vanité de naître, ou du moins
en arrêter les progrès, c'eſt-là vraiment travailler à leur félicité. Car la
vanité de l'homme eſt la ſource de ſes
plus grandes peines, & il n'y a perſonne de ſi parfait & de ſi fêté, à qui elle
ne donne encore plus de chagrins que
de plaiſirs. Si jamais la vanité fit quelque heureux ſur la terre, à coup ſûr
cet heureux-là n'étoit qu'un ſot.

* Que peut penſer un enfant de lui-
même, quand il voit autour de lui un
cercle de gens ſenſés l'écouter, l'aga-
cer, l'admirer, attendre avec un lâche
empreſſement les oracles qui ſortent
de ſa bouche, & ſe recrier avec des
retentiſſemens de joye à chaque impertinence qu'il dit? La tête d'un homme
auroit bien de la peine à tenir à tous
ces faux aplaudiſſemens; jugez de ce
que deviendra la ſienne.

* Il en eſt du babil des enfans comme des prédictions des Almanachs. Ce
feroit un prodige ſi, ſur tant de vai-

O

nes paroles, le hazard ne fourniſſoit jamais une rencontre heureuſe. Imaginez
ce que font alors les exclamations de
la flatterie ſur une pauvre mere déja
trop abuſée par ſon propre cœur, &
ſur un enfant qui ne ſait ce qu'il dit &
ſe voir célébrer.

* A l'égard des queſtions, on ne
doit pas les défendre indiſtinctement
aux enfans. Ils n'ont qu'à demander
doucement en particulier à leur pere
ou à leur mere, tout ce qu'ils ont beſoin de ſavoir. Mais il ne faut pas ſouffrir qu'ils coupent un entretien ſérieux
pour occuper tout le monde de la premiére impertinence qui leur paſſe par
la tête.

* L'art d'interroger n'eſt pas ſi facile qu'on penſe. C'eſt bien plus l'art des
maîtres que des diſciples ; il faut avoir
déja apris beaucoup de choſes pour ſavoir demander ce qu'on ne ſait pas. Le
Savant ſait & s'enquiert, dit un pro-
verbe Indien ; mais l'ignorant ne ſait

pas même de quoi s'enquérir.

* Faute de cette science préliminaire, les enfans en liberté ne font presque jamais que des questions ineptes, qui ne servent à rien ; ou profondes & scabreuses, dont la solution passe leur portée ; & puisqu'il ne faut pas qu'ils sachent tout, il importe qu'ils n'ayent pas le droit de tout demander. Voilà pourquoi, généralement parlant, ils s'instruisent mieux par les interrogations qu'on leur fait que par celles qu'ils font eux-mêmes.

* Quand la méthode des questions faites par les enfans leur seroit aussi utile qu'on le croit, la première & la plus importante science qui leur convient n'est-elle pas d'être discrets & modestes, & y en a-t'il quelqu'autre qu'ils doivent aprendre au préjudice de celle-là ? Que produit donc dans les enfans cette émancipation de parole avant l'âge de parler, & ce droit de soumettre effrontément les hommes à leur inter-

O 2

rogatoire ? De petits queſtionneurs ba-
billards, qui queſtionnent moins pour
s'inſtruire que pour importuner, pour
occuper d'eux tout le monde, & qui
prennent encore plus de goût à ce babil
par l'embarras où ils s'aperçoivent que
jettent quelquefois leurs queſtions in-
diſcrettes, enſorte que chacun eſt inquiet auſſi-tôt qu'ils ouvrent la bouche.
Ce n'eſt pas tant un moyen de les inſtruire que de les rendre étourdis & vains,
inconvénient bien plus grand que l'avantage qu'ils acquiérent par-là n'eſt utile :
car par dégrés l'ignorance diminue,
mais la vanité ne fait qu'augmenter.

* Le pis qui pût arriver de cette réferve trop prolongée, feroit qu'un enfant parvenu à l'âge de raiſon eût la converſation moins legére, le propos moins
vif & moins abondant ; & en conſidérant
combien cette habitude de dire des riens
rétrécit l'eſprit, cette heureuſe ſtérili-
té devroit plutôt être regardée comme
un bien que comme un mal.

* Les gens oififs, toujours occupés
d'eux-mêmes, s'efforcent de donner un
grand prix à l'art de les amufer; & l'on
diroit que le favoir-vivre confifte à ne
dire que de vaines paroles, comme à
ne faire que des dons inutiles. Mais la
fociété humaine a un objet plus noble,
& fes vrais plaifirs ont plus de folidité.
L'organe de la vérité, le plus digne
organe de l'homme, le feul dont l'ufage
le diftingue des animaux, ne lui a point
été donné pour n'en pas tirer un meilleur parti qu'ils ne font de leurs cris. Il
fe dégrade au-deffous d'eux, quand il
parle pour ne rien dire, & l'homme doit
être homme jufques dans fes délaffemens.

* S'il y a de la politeffe à étourdir
tout le monde d'un vain caquet, il y
en a une bien plus véritable à laiffer
parler les autres par préférence, à faire
plus grand cas de ce qu'ils difent que de
ce qu'on diroit foi-même, & à montrer
qu'on les eftime trop pour croire les
amufer par des niaiferies. Le bon ufage

du monde, celui qui nous y fait le plus
rechercher & chérir, n'eſt pas tant d'y
briller, que d'y faire briller les autres,
& de mettre, à force de modeſtie,
leur orgueil plus en liberté...

* Un homme d'eſprit, qui ne s'ab-
ſtient de parler que par retenue & diſ-
crétion, ne paſſera jamais pour un ſot.
Dans quelque pays que ce puiſſe être,
il n'eſt pas poſſible qu'on juge un homme ſur ce qu'il n'a pas dit, & qu'on le
mépriſe pour s'être tû. Au contraire,
on remarque que les gens ſilentieux en
impoſent, qu'on s'écoute devant eux,
& qu'on leur donne beaucoup d'attention quand ils parlent; ce qui leur laiſ-
ſant le choix des occaſions, & faiſant
qu'on ne perd rien de ce qu'ils diſent,
met tout l'avantage de leur côté.

* Il eſt ſi difficile à l'homme le plus
ſage de garder toute ſa preſence d'eſprit dans un long flux de paroles, il eſt
ſi rare qu'il ne lui échape des choſes
dont il ſe repent à loiſir, qu'il aime

mieux retenir le bon que de rifquer le mauvais. Quand ce n'eft pas faute d'efprit qu'il fe taît, s'il ne parle pas, quelque difcret qu'il puiffe être, le tort en eft à ceux qui font avec lui.

* La mémoire & le jugement font des chofes bien différentes, & prefque contraires. La quantité de chofes mal digérées & fans liaifon dont on remplit une tête encore foible, y fait plus de tort que de profit à la raifon. Il eft bien vrai que, de toutes les facultés de l'homme, la mémoire eft la premiére qui fe dévelope, & la plus commode à cultiver dans les enfans, mais lequel eft à préférer de ce qu'il leur eft le plus aifé d'aprendre, ou de ce qu'il leur importe le plus de favoir?

* Forcer un enfant d'étudier des langues qu'il ne parlera jamais, même avant qu'il ait bien apris la fienne ; lui faire inceffamment répéter, & conftruire des vers qu'il n'entend point, & dont toute l'harmonie n'eft pour lui qu'au

bout de ses doigts ; embrouiller son esprit de cercles & de sphéres dont il n'a pas la moindre idée, l'accabler de mille noms de villes & de riviéres, qu'il confond sans cesse & qu'il raprend tous les jours, est-ce cultiver sa mémoire au profit de son jugement ; & tout ce frivole acquit vaut-il une seule des larmes qu'il lui coûte ?

* L'inutilité de tout cela n'est pas encore le plus grand mal ; mais n'est-ce rien que d'instruire un enfant à se payer de mots, & à croire savoir ce qu'il ne peut comprendre ? Se pourroit-il qu'un tel amas ne nuisît point aux premiéres idées dont il doit meubler une tête humaine, & ne vaudroit-il pas mieux n'avoir point de mémoire que de la meubler de tout ce fatras, au préjudice des connoissances nécessaires dont il tient la place ?

* Si la nature a donné au cerveau des enfans, cette souplesse qui le rend propre à recevoir toutes sortes d'impressions, ce

ce n'est pas pour qu'on y grave des noms
de Rois, des dates, des termes de bla-
son, de sphére, de géographie, & tous
ces mots sans aucun sens pour leur âge,
& sans aucune utilité pour quelque âge
que ce soit, dont on accable leur triste
& stérile enfance; mais c'est pour que
toutes les idées relatives à l'état de
l'homme, toutes celles qui se raportent
à son bonheur & l'éclairent sur ses devoirs, s'y tracent de bonne heure en
caractéres ineffaçables, & lui servent à
se conduire pendant sa vie d'une maniére convenable à son être, & à ses
facultés.

* Sans étudier dans les livres, la mémoire d'un enfant ne reste pas pour cela
oisive : tout ce qu'il voit, tout ce qu'il entend, le frape, & il s'en souvient ; il tient
registre en lui-même des discours & des
actions des hommes, & tout ce qui
l'environne est le livre dans lequel sans
y songer, il enrichit continuellement sa
mémoire, en attendant que son juge-

P

ment puisse en profiter. C'est dans le choix de ces objets, c'est dans le soin de lui presenter sans cesse ceux qu'il doit connoître, & de lui cacher ceux qu'il doit ignorer, que consiste le véritable art de cultiver la première de ses facultés, & c'est par-là qu'il faut tâcher de lui former un magasin de connoissances qui serve à son éducation durant la jeunesse, & à sa conduite dans tous les tems. Cette méthode, il est vrai, ne forme point de petits prodiges, & ne fait pas briller les Gouverneurs & les Précepteurs ; mais elle forme des hommes judicieux, robustes, sains de corps & d'entendement, qui, sans s'être fait admirer étant jeunes, se font honorer étant grands.

* Il y a pourtant des moyens pour exciter & nourrir dans les enfans le desir d'aprendre ou de faire telle ou telle chose ; & autant que ces moyens peuvent se concilier avec la plus entiére liberté de l'enfant, & n'engendrent en

lui nulle femence de vice, on peut les
employer, fans s'opiniâtrer quand le
fuccès n'y répond pas ; car il aura toujours le tems d'aprendre : mais il n'y a
pas un moment à perdre pour former
en lui un bon naturel. Telle eft l'effi-
cace du premier dévelopement de la raifon, que quand un enfant ne fauroit
rien à douze ans, il n'en feroit pas
moins inftruit à quinze, fans compter
que rien n'eft moins néceffaire que d'ê-
tre favant, & rien plus que d'être fage
& bon.

* Pour garantir les enfans des vices
qui ne font pas en eux, il y a un pré-
fervatif plus fort que des difcours qu'ils
n'entendroient point, ou dont ils feroient
bien-tôt ennuyés. C'eft l'éxemple des
mœurs de tout ce qui les environne :
ce font les entretiens qu'ils entendent,
qui font naturels à ceux qui les tiennent,
& qu'on n'a pas befoin de compofer
exprès pour eux; c'eft la paix & l'union
dont ils font témoins ; c'eft l'accord

P 2

qu'ils voyent régner fans ceffe, & dans la conduite refpective de tous, & dans la conduite & les difcours de chacun.

＊ Meres de famille, quand vous vous plaignez de n'être pas fecondées, que vous connoiffez mal votre pouvoir ! Soyez tout ce que vous devez être, vous furmonterez tous les obftacles ; vous forcerez chacun de remplir fes devoirs, fi vous rempliffez bien tous les vôtres. Vos droits ne font-ils pas ceux de la nature ? Malgré les maximes du vice, ils feront toujours chers au cœur humain. Ah ! veuillez être femmes & meres, & le plus doux empire qui foit fur la terre fera auffi le plus refpecté !

＊ Ce que les créatures peuvent occuper du cœur humain eft fi peu de chofe, que quand on croit l'avoir rempli d'elles, il eft encore vuide. Il faut un objet infini pour le remplir.

＊ On a beau faire ; le cœur ne s'attache aux objets que par l'entremife des fens ou de l'imagination qui les reprefente ; & le moyen de voir ou d'imaginer l'immenſité du grand Etre? Quand je veux m'élever, je ne ſais où je ſuis : n'apercevant aucun raport entre lui & moi, je ne ſais pas où l'atteindre, je ne vois & ne ſens plus rien, je me trouve dans une eſpéce d'anéantiſſement ; & il eſt fort aparent que les extaſes des myſ-tiques viennent moins d'un cœur plein, que d'un cerveau vuide.

* L'homme eſt donc obligé de ſub-ſtituer un culte ſenſible & à ſa portée à ces ſublimes contemplations qui paſ-ſent ſes facultés. Rabaiſſant à regret la majeſté divine, il interpoſe entr'elle & lui des objets qui peuvent être aperçus ; ne la pouvant contempler dans ſon eſ-ſence, il la contemple au moins dans ſes œuvres ; il l'aime dans ſes bienfaits ; mais, de quelque maniére qu'il s'y prenne, il n'a qu'une reconnoiſſance in-téreſſée à lui preſenter.

* Tout devient ſentiment dans un cœur ſenſible. L'Univers entier ne lui

offre que sujets d'attendrissement & de gratidude. Par-tout il aperçoit la bienfaisante main de la providence ; il recueille ses dons dans les productions de la terre ; il voit sa table couverte par ses soins ; il s'endort sous sa protection ; son paisible réveil lui vient d'elle ; il sent ses leçons dans les disgraces, & ses faveurs dans les plaisirs ; les biens dont jouit tout ce qui lui est cher, sont autant de nouveaux sujets d'hommages. Si le Dieu de l'Univers échape à ses foibles yeux, il voit partout le pere commun des hommes. Honorer ainsi ses bienfaits suprêmes, n'est-ce pas servir autant qu'on peut l'Etre infini ?

 * Le spectacle de la nature, si vivant, si animé, pour ceux qui reconnoissent un Dieu, est mort aux yeux de l'Athée ; & dans cette grande harmonie des Etres, où tout parle de Dieu d'une voix si douce, il n'aperçoit qu'un silence éternel.

* O fentiment, fentiment! douce vie de l'ame! quel eſt le cœur de fer que tu n'as jamais touché? quel eſt l'infortuné mortel à qui tu n'arrachas jamais de larmes! Les ſcènes de plaiſir & de joie que produit la vivacité du ſentiment, n'épuiſent un inſtant la nature que pour la ranimer d'une vigueur nouvelle: elles ne ſont jamais dangereuſes.

* Les gens de ville ne ſavent point aimer la campagne, ils ne ſavent pas même y être: à peine, quand ils y ſont ſavent-ils ce qu'on y fait. Ils en dédaignent les travaux, les plaiſirs, ils les ignorent; ils ſont chez eux comme en pays étranger, il ne faut pas s'étonner s'ils s'y déplaiſent.

* Le travail de la campagne eſt agréable à conſidérer, & n'a rien d'aſſez pénible en lui-même pour émouvoir la compaſſion. L'objet de l'utilité publique & privée le rend intéreſſant; & puis, c'eſt la premiére vocation de l'homme: il rapelle à l'eſprit une idée

agréable & au cœur tous les charmes
de l'âge d'or. L'imagination ne reste
point froide à l'aspect du labourage &
des moissons. La simplicité de la vie pas-
torale & champêtre a toujours quelque
chose qui la touche. Qu'on regarde les
prés couverts de gens qui fanent & chan-
tent , & de troupeaux épars dans l'éloi-
gnement : insensiblement on se sent attendrir sans savoir pourquoi. Ainsi quelquefois encore la voix de la nature amollit nos cœurs farouches : & quoiqu'on
l'entende avec un regret inutile, elle est
si douce qu'on ne l'entend jamais sans
plaisir.

* Quel charme de voir de bons &
sages régisseurs faire de la culture de
leurs terres , l'instrument de leurs bienfaits, & du travail qui les enrichit une
fête continuelle ! Comment se dérober
à la douce illusion que ces objets font
naître ? On oublie son siècle & ses con-
temporains ; on se transporte au tems des
Patriarches ; on veut mettre soi-même

la main à l'œuvre, partager les travaux rustiques, & le bonheur qu'on y voit attaché. O tems de l'amour & de l'innocence, où les femmes étoient tendres & modestes, où les hommes étoient simples & vivoient contens ! O Rachel fille charmante, & si constamment aimée, heureux celui qui pour t'obtenir ne regretta pas quatorze ans d'esclavage ! O douce éléve de Noëmi, heureux le bon vieillard dont tu réchauffois les pieds & le cœur ! Non, jamais la beauté ne régne avec plus d'empire qu'au milieu des soins champêtres. C'est-là que les graces sont sur leur trône, que la simplicité les pare, que la gayeté les anime, & qu'il faut les adorer malgré soi.

* Tous les états sont presque indifférens par eux-mêmes, pourvu qu'on puisse & qu'on veuille en sortir quelquefois. Les gueux sont malheureux parce qu'ils sont toujours gueux ; les Rois sont malheureux parce qu'ils sont toujours Rois. Les états moyens dont on sort plus aisément,

offrent des plaisirs au-dessus & au-dessous de soi ; ils étendent aussi les lumiéres de ceux qui les remplissent, en leur donnant plus de préjugés à connoître, & plus de degrés à comparer. Voilà la principale raison pourquoi c'est généralement dans les conditions médiocres qu'on trouve les hommes les plus heureux & du meilleur sort.

* Les Saturnales des Romains manquoient d'agrément & de sagesse. Le renversement qui y avoit lieu étoit trop vain pour instruire le maître ni l'esclave. Mais le mélange de la vie citadine à la vie rustique, quand on y fait régner une douce égalité, rétablit l'ordre de la nature, forme une instruction pour les uns, une consolation pour les autres, & un lien d'amitié pour tous.

* Dans l'éducation tout consiste à ne pas gâter l'homme de la nature en l'apropriant à la société.

* Quand on est dans son devoir, on est aisément tenté d'être fier.

* Les petites paſſions ne prennent jamais le change, & vont toujours à leur fin ; mais on peut armer les grandes contr'elles-mêmes.

* Le véritable amour eſt inséparable de la générosité, & par elle on a toujours ſur lui quelque priſe.

* Il faut s'honorer pour être honorée. Comment peut - on mériter le reſpect d'autrui ſans en awoir pour ſoi-même, & où s'arrêtera dans la route du vice celle qui fait le premier pas ſans effroi ? Voilà ce qu'il faut dire à ces femmes du monde pour qui la Morale & la Religion ne ſont rien, & qui n'ont de loi que l'opinion d'autrui. Mais pour une femme vertueuſe & chrétienne, qui voit ſon devoir & qui l'aime, qui connoît & ſuit d'autres régles que les jugemens publics, ſon premier honneur eſt celui que lui rend la conſcience ; & c'eſt celui - là qu'il s'agit de conſerver.

* Telle perſonne du ſexe, en feignant de rire de l'amour, fait comme ces en-

fans qui chante la nuit quand ils ont peur.

* L'amour en lui-même est-il un crime ? N'est-il pas le plus pur ainsi que le plus doux penchant de la nature ? N'a-t'il pas une fin bonne & louable ? Ne dédaigne-t'il pas les ames basses & rampantes ? N'anime-t'il pas les ames grandes & fortes ? N'ennoblit-il pas tous leurs sentimens ? Ne double-t'il pas leur être ? Ne les éléve-t'il pas au-dessus d'elles-mêmes ? Si pour être honnête & sage , il faut être inaccessible à ses traits , que reste-t'il à la vertu sur la terre ? Le rebut de la nature & les plus vils des mortels.

* Il n'y a d'inégalité déshonorante entre les hommes que celle qui vient du caractére ou de l'éducation. A quelque état que parvienne un homme imbu des maximes basses , il est toujours honteux de former des liaisons étroites avec lui. Mais un homme élevé dans des sentimens d'honneur est l'égal de tout le

monde ; il n'y a point de rang où il ne
soit à sa place.

* Il vaut mieux déroger à la noblef-
fe qu'à la vertu ; & la femme d'un Char-
bonnier eft plus refpectable que la maî-
treffe d'un Prince.

* Quelle fociété concevroit-on poffible avec une femme devant qui l'on ne
fauroit nommer l'honnêteté, la chafteté, la vertu, fans lui faire verfer des
larmes de honte, fans ranimer fes douleurs, fans infulter prefqu'à fon repentir ?

* Pourquoi nous plaindre que les méchans nous tourmentent, fi les bons fe
tourmentent encore entr'eux ?

* L'obligation de fe marier n'eft pas
commune à tous : elle dépend pour chaque homme de l'état où le fort l'a placé ; c'eft pour le peuple, pour l'artifan,
pour le villageois, pour les hommes vraiment utiles, que le célibat
eft illicite : pour les ordres qui dominent les autres, auxquels tout tend fans

cesse, & qui ne font toujours que trop remplis, il est permis & même convenable. Sans cela l'Etat ne fait que se dépeupler par la multiplication des Sujets qui lui font à charge. Les hommes auront toujours assez de maîtres ; la France & l'Angleterre manqueront plutôt de Laboureurs que de Pairs.

* Ces raisons ne suffisent pas pourtant pour dispenser les particuliers de leur devoir envers la nature. La vie est un bien qu'on ne reçoit qu'à charge de le transmettre, une forte de substitution qui doit passer de race en race. Quiconque eut un pere est obligé de le devenir.

* Quoiqu'il en soit de l'espoir des Croyans dans l'autre vie, on se trouve bien de passer avec eux celle-ci.

* Tout dépérit avec les mœurs. Le meilleur goût tient à la vertu même ; il disparoît avec elle, & fait place à un goût factice & guindé, qui n'est plus que l'ouvrage à la mode. Le véritable es-

prît eſt preſque dans le même cas.

* Une certaine coquetterie maligne
& railleuſe déſoriente encore plus les
ſoupirans que le ſilence ou le mépris.
Quel plaiſir de voir un beau Céladon
tout déconcerté, ſe confondre, ſe troubler, ſe perdre à chaque repartie; de
s'environner contre lui de traits moins
brûlans, mais plus aigus que ceux de
l'amour; de le cribler de pointes de gla-
ce, qui pique à l'aide du froid!

* Les deux ſexes gagnent de toutes
maniéres à ſe donner des travaux & des
amuſemens différens qui les empêchent
de ſe raſſaſier l'un de l'autre, & font
qu'ils ſe retrouvent avec plus de plaiſir.
Ainſi s'éguiſe la volupté; s'abſtenir pour
jouir, c'eſt l'Epicuréiſme de la raiſon.

* L'amour peut s'éteindre, & les ſens
lui ſurvivre; alors leur délire eſt d'autant plus à craindre, que le ſeul ſentiment qui le bornoit n'éxiſtant plus,
tout eſt occaſion de chûte à qui ne tient
plus à rien.

* L'homme est plus libre d'éviter les tentations que de les vaincre; il n'est pas question de réprimer les passions irritées, mais de les empêcher de naître.

* On suporte un état violent, quand il passe. Six mois, un an, on ne sent rien; on envisage un terme, & l'on prend courage. Mais, quand cet état doit durer toujours, qui est-ce qui le suporte? Qui est-ce qui sait triompher de lui-même jusqu'à la mort?

* Si la vie est courte pour le plaisir, qu'elle est longue pour la vertu! Il faut être incessamment sur ses gardes. L'instant de jouir passe & ne revient plus; celui de mal faire passe & revient sans cesse. On s'oublie un moment, & l'on est perdu.

* Les momens à craindre pour la vertu existent par-tout où nous sommes; car nous les portons avec nous.

* Périsse l'homme indigne qui marchande un cœur, & rend l'amour mercenaire! C'est lui qui couvre la terre

des

des crimes que la débauche y fait commettre. Comment ne seroit pas toujours à vendre celle qui se laisse acheter une fois ? Et dans l'oprobre où bien-tôt elle tombe, lequel est l'auteur de sa misére, ou du brutal qui la maltraite en un mauvais lieu, ou du séducteur qui l'y traîne, en mettant le premier ses faveurs à prix ?

* L'homme n'est pas fait pour le célibat; & il est bien difficile qu'un état si contraire à la nature n'améne pas quelque désordre public ou caché. Le moyen d'échaper toujours à l'ennemi qu'on porte sans cesse avec soi ?

* Il en coûte peu de se rendre difficile sur des Loix qu'on n'observe qu'en aparence; mais celui qui veut être sincérement vertueux, se sent assez chargé des devoirs de l'homme sans s'en imposer de nouveaux.

* La véritable humilité du Chrétien, c'est de trouver toujours sa tâche au-dessus de ses forces, bien loin d'avoir l'orgueil de la doubler.

Q

* La fauſſe honte & la crainte du blâme inſpirent plus de mauvaiſes actions que de bonnes, & la vertu ne fait rougir que de ce qui eſt mal.

* Un honnête homme n'aura jamais de meilleur ami que ſa femme.

* L'homme de bien porte avec plaiſir le doux fardeau d'une vie utile à ſes ſemblables : il ſent ce que la vaine ſageſſe des méchans n'a jamais pû croire, qu'il eſt un bonheur réſervé dès ce monde aux ſeuls amis de la vertu.

* Les perſonnes que leurs connoiſſances mettent au-deſſus du vulgaire, lorſqu'elles ont de la Religion, n'en tirent pas toujours tout l'avantage qu'elle offre dans la conduite de la vie ; leur hauteur philoſophique dédaigne la ſimplicité du Chrétien.

* Nous ſommes libres, il eſt vrai, mais nous ſommes ignorans, foibles, portés au mal ; & d'où nous viendroient la lumiére & la force, ſi ce n'eſt de celui qui en eſt la ſource ? Et pourquoi

les obtiendrions-nous, fi nous ne daignons pas les demander ?

* Aux idées fublimes que nous devons avoir de l'Etre fuprême, l'orgueil humain mêle fouvent des idées baffes qui fe raportent à l'homme, comme fi les moyens qui foulagent notre foibleffe convenoient à la puiffance divine, & qu'elle eût befoin d'art comme nous pour généralifer les chofes, afin de les traiter plus facilement. Il femble, à nous entendre, que ce foit un embarras pour elle de veiller fur chaque individu ; nous craignons qu'une attention continuelle & partagée ne la fatigue, & nous trouvons bien plus beau qu'elle faffe tout par des loix générales, fans doute parce qu'elles lui coûtent moins de foins. O grands Philofophes ! que Dieu vous eft obligé de lui fournir ainfi des méthodes commodes, & de lui abréger le travail !

* Le plus grand de nos befoins, le feul auquel nous pouvons pourvoir, eft

Q 2

celui de sentir nos besoins ; & le premier pas pour sortir de notre misére, est de la connoître. Soyons humbles pour être sages ; voyons notre foiblesse, & nous serons forts. Ainsi s'accorde la justice avec la clémence ; ainsi régnent à la fois la grace & la liberté. Esclaves par notre foiblesse, nous sommes libres par la priére ; car il dépend de nous de demander & d'obtenir la force qu'il ne dépend pas de nous d'avoir par nous-mêmes.

* Le grand défaut de la sagesse humaine, même de celle qui n'a que la vertu pour objet, est un excès de confiance qui nous fait juger de l'avenir par le présent, & de la vie entiére par un moment. On se sent ferme un instant, & l'on compte n'être jamais ébranlé. Plein d'un orgueil que l'expérience confond tous les jours, on croit n'avoir plus à craindre un piége une fois évité. Le modeste langage de la vaillance est : Je fus brave un tel jour. Mais celui qui

dit : Je suis brave ; ne sait ce qu'il sera demain , & tenant pour sienne une valeur qu'il ne s'est pas donnée, il mérite de la perdre au moment de s'en servir.

* Que tous nos projets doivent être ridicules , que tous nos raisonnemens doivent être insensés , devant l'Etre pour qui les tems n'ont point de succession , ni les lieux de distance ! Nous comptons pour rien ce qui est loin de nous , nous ne voyons que ce qui nous touche : quand nous aurons changé de lieu , nos jugemens seront tout contraires, & ne seront pas mieux fondés. Nous réglons l'avenir sur ce qui nous convient aujourd'hui, sans savoir s'il nous conviendra demain ; nous jugeons de nous comme étant toujours les mêmes, & nous changeons tous les jours. Qui sait si nous aimerons ce que nous aimons , si nous voudrons ce que nous voulons , si nous serons ce que nous sommes , si les objets étrangers & les altérations de nos corps n'auront pas autrement modifié

nos ames, & si nous ne trouverons point
notre misére dans ce que nous aurons
arrangé pour notre bonheur ?

* Montrez-moi une régle assurée de
la sagesse humaine, & je la prendrai
pour guide. Mais, si sa meilleure leçon
est de nous aprendre à nous défier d'elle, recourons à celle qui ne trompe
point, & faisons ce qu'elle nous inspire.

* Femmes, femmes ! objéts chers &
funestes, que la nature orna pour notre
suplice, qui punissez quand on vous
brave, qui poursuivez quand on vous
craint, dont la haine & l'amour sont
également nuisibles, & qu'on ne peut
ni rechercher, ni fuir impunément !
Beauté, charme, attrait, sympathie ;
être ou chimére inconcevable, abîme
de douleurs & de voluptés ! beauté plus
terrible aux mortels que l'élément où
l'on t'a fait naître, malheureux qui se
livre à ton calme trompeur ! c'est toi
qui produis les tempêtes qui tourmentent le génre-humain.

* Deux amans s'aiment-ils l'un l'autre ? Non ; *vous* & *moi* font des mots proscrits de leur langue ; ils ne font plus deux : ils font un.

* On a peu de defirs quand on souffre ; une grande passion malheureuse est un grand moyen de fagesse.

* Dans le mariage, l'un des deux ne fauroit fe faire un fort exclufif. Les biens & les maux y font communs malgré qu'on en ait, & les chagrins qu'on fe donne l'un à l'autre retombent toujours fur celui qui les caufe.

* Il ne faut pas confondre avec la prudence de la vertu les fcrupules d'une ame craintive qui fe fait un devoir de s'épouvanter, & croit qu'il faut tout craindre pour fe garantir de tout. Cette extrême timidité a fon danger ainfi qu'une confiance exceffive. En nous montrant fans ceffe des monftres où il n'y en a point, elle nous épuife à combattre des chiméres ; & à force de nous effaroucher fans fujet, elle nous tient

moins en garde contre les périls véritables & ne nous les laisse moins discerner.

* La vertu est un état de guerre ; & pour y vivre, on a toujours quelque combat à rendre contre soi. Occupons-nous moins des dangers que de nous, afin de tenir notre ame préte à tout événement. Si chercher les occasions, c'est mériter d'y succomber, les fuir avec trop de soin, c'est souvent nous refuser à de grands devoirs, & il n'est pas bon de songer sans cesse aux tentations, même pour les éviter.

* Tous les actes de l'entendement qui nous élévent à Dieu nous portent au-dessus de nous-même ; en implorant son secours, nous aprenons à le trouver. Quand même ce ne seroit pas lui qui nous change, c'est nous qui nous changerions en nous élevant à lui.

* Si l'on abuse de l'oraison, & qu'on devienne mystique, on se perd à force de s'élever ; en cherchant la grace, on

renonce à la raison : pour obtenir un don
du Ciel , on en foule aux pieds un autre ; en s'obstinant à vouloir qu'il nous
éclaire , on s'ôte les lumiéres qu'il nous
a données.

* Il n'y a rien de bien qui n'ait un
excès blâmable , même la dévotion ,
qui peut dégénérer en délire. Les exta-
ses des ascétiques viennent en prolon-
geant le tems qu'on donne à la priére
plus que ne le permet la foiblesse humaine. Alors l'esprit s'épuise , l'imagination s'allume & donne des visions ; on
devient inspiré , prophête ; & il n'y a
plus ni sens , ni génie qui garantisse du
fanatisme.

* Tout le charme de la société entre
de vrais amis consiste dans cette ouver-
ture de cœur qui met en commun tous
les sentimens , toutes les pensées ,
& qui fait que chacun se sentant tel
qu'il doit être , se montre tel qu'il est.
Dès qu'il éxiste quelque intrigue secrette , quelque liaison qu'il faille ca-

R

cher, quelque raison de réserve & de mystère, à l'instant tout le plaisir de se voir s'évanouit, on contraint l'un devant l'autre, on cherche à se dérober ; quand on se rassemble, on voudroit se fuir ; la circonspection, la gêne, amenent la défiance, le dégoût. On se devient importuns l'un à l'autre. Le moyen d'aimer long-tems ce qu'on craint ?

* Un cœur honnête est capable d'une faute imprévue ; mais le mal prémédité n'en aproche jamais. C'est ce qui distingue l'homme fragile du méchant homme.

* Les grandes passions usées dégoûtent des autres : la paix de l'ame qui leur succéde est le seul sentiment qui s'accroît par la jouissance. Un cœur sensible craint le repos qu'il ne connoît pas, qu'il le sente une fois, il ne voudra pas perdre. En comparant deux états si contraires, on aprend à préférer le meil-

leur ; mais pour les comparer il les faut connoître.

* C'eſt un ſecond crime de tenir un ſerment criminel.

* La promeſſe qu'il faut tenir ſans ceſſe eſt celle d'être honnête homme , & toujours ferme dans ſon devoir ; changer quand il change , ce n'eſt pas legéreté , c'eſt conſtance.

* Faites dans tous les tems ce que la vertu demande , vous ne vous démentirez jamais.

* Dans le régne des paſſions elles aident à ſuporter les tourmens qu'elles donnent ; elles tiennent l'eſpérance à côté du deſir. Tant qu'on deſire , on peut ſe paſſer d'être heureux ; on s'attend à le devenir : ſi le bonheur ne vient point , l'eſpoir ſe prolonge , & le charme de l'illuſion dure autant que la paſſion qui la cauſe. Ainſi cet état ſe ſuffit à lui-même , & l'inquiétude qu'il donne eſt une ſorte de jouiſſance qui ſuplée à la réalité.

* Malheur à qui n'a plus rien à dé-
firer ! Il perd, pour ainfi dire, tout ce
qu'il poffède. On jouit moins de ce
qu'on obtient que de ce qu'on efpére,
& l'on n'eft heureux qu'avant d'être heureux. En effet, l'homme avide & bor-
né, fait pour tout vouloir & peu obtenir, a reçu du Ciel une force con-
folante qui raproche de lui tout ce qu'il
defire, qui le foumet à fon imagination,
qui le lui rend prefent & fenfible, qui le
lui livre en quelque forte, & pour lui rendre cette imaginaire propriété plus douce, le modifie au gré de fa paffion. Mais
tout ce preftige difparoît devant l'objet
même ; rien n'embellit plus cet objet
aux yeux du poffeffeur ; on ne fe figure
point ce qu'on voit ; l'imagination ne
pare plus rien de ce qu'on poffède ;
l'illufion ceffe où commence la jouiffance.

* Le pays des chiméres eft en ce monde le feul digne d'être habité ; & tel
eft le néant des chofes humaines, qu'à

l'exception de l'Etre éxistant par lui-même , il n'y a rien de beau que ce qui n'eft pas.

* Celui qui pourroit tout (être fans) Dieu , feroit une miférable créature ; il feroit privé du plaifir de defirer ; toute autre privation feroit plus fuportable.

* Il s'enfuit de là que tout Prince qui afpire au Defpotifme , afpire à l'honneur de mourir d'ennui. Dans tous les Royaumes du monde cherchez - vous l'homme le plus ennuyé du pays ? Allez toujours directement au Souverain , furtout s'il eft très-abfolu. C'eft bien la peine de faire tant de miférables ! Ne fçauroit-il s'ennuyer à moins de frais ?

* Une ame éclairée & épurée ne trouve rien ici-bas qui lui fuffife , & cherche ailleurs de quoi la remplir. En s'élevant à la fource du fentiment & de l'être , elle y perd fa féchereffe & fa langueur : elle y renaît , elle s'y ranime , elle y trouve un nouveau reffort , elle y pui-

ſe une nouvelle vie; elle y prend une autre éxiſtence qui ne tient point aux paſſions du corps, ou plutôt elle n'eſt plus en elle-même; elle eſt toute dans l'Etre immenſe qu'elle contemple, & dégagée un moment de ſes entraves, elle ſe conſole d'y rentrer, par cet eſſai d'un état plus ſublime, qu'elle eſpére être un jour le ſien.

* Servir Dieu cependant, ce n'eſt point paſſer ſa vie à genoux dans un Oratoire, c'eſt remplir ſur la terre les devoirs qu'il nous impoſe; c'eſt faire en vûe de lui plaire tout ce qui convient à l'état où il nous a mis.

- - - - - - il cor gradiſce,
E ſerve a lui chi ſuo dover compiſce.

Il faut premiérement faire tout ce qu'on doit, & puis prier quand on peut.

* Toutes les miſéres de la vie s'évanouiſſent devant les grands objets de la

Religion. En songeant à tous les bienfaits de la Providence, on a honte d'être
sensible à de si foibles chagrins, & d'oublier de si grandes graces.

* On ne doit point afficher la dévotion comme un état, & par un extérieur affecté. Il faut aussi s'abstenir de
ce langage figuré & mystique, qui
nourrit le cœur des chimères de l'imagination, & substitue au véritable amour
de Dieu des sentimens imités de l'amour
terrestre, & trop propres à le réveiller.
Plus on a le cœur tendre & l'imagination vive, plus on doit éviter ce qui
tend à les émouvoir ; car enfin, comment voir les raports de l'objet mystique, si l'on ne voit aussi l'objet sensuel :
& comment une honnête femme ose-
t'elle imaginer avec assurance des objets qu'elle n'oseroit regarder ?

* Ce qui inspire le plus d'éloigne-
ment pour les dévots de profession, c'est
cette âpreté de mœurs qui les rend in-
sensibles à l'humanité, c'est cet orgueil

exceſſif qui leur fait regarder en pitié
le reſte du monde. Dans leur élévation
ſublime, s'ils daignent s'abaiſſer à quelque acte de bonté , c'eſt d'une maniére ſi humiliante , ils plaignent les
autres d'un ton ſi cruel , leur juſtice eſt
ſi rigoureuſe , leur charité eſt ſi dure ,
leur zèle eſt ſi amer, leur mépris reſ-
ſemble ſi fort à la haine , que l'inſenſi-
bilité même des gens du monde eſt
moins barbare que leur commiſération.
L'amour de Dieu leur ſert d'excuſe pour
n'aimer perſonne ; vit-on jamais d'amitié véritable entre les dévots ? (*) Mais
plus ils ſe détachent des hommes, plus
ils en éxigent ; & l'on diroit qu'ils ne
s'élévent à Dieu que pour éxercer ſon
autorité ſur la terre.

* Il eſt impoſſible que l'intolérance
n'endurciſſe l'ame. Comment chérir

(*) On doit ſentir qu'on prend ici ce terme,
non dans la véritable acception, mais ſuivant
l'uſage ordinaire du monde.

tendrement les gens qu'on réprouve ?
Quelle charité peut-on conferver parmi des Damnés ? Les aimer, ce feroit
haïr Dieu qui les punit. Voulons-nous
donc être humains ? Jugeons les actions,
& non pas les hommes. N'empiétons
point fur l'horrible fonction des Dé-
mons : n'ouvrons point fi legérement
l'Enfer à nos freres. Eh ! s'il étoit def-
tiné pour ceux qui fe trompent, quel
mortel pourroit l'éviter ?

  * Voulons - nous pénétrer dans ces
abîmes de métaphyfique, qui n'ont ni
fond, ni rive, & perdre à difputer fur
l'Effence divine ce tems fi court qui nous
eft donné pour l'honorer ? Nous igno-
rons ce qu'elle eft, mais nous fçavons
qu'elle eft : que cela nous fuffife ; elle
fe fait voir dans fes œuvres, elle fe fait
fentir au-dedans de nous. Nous pouvons
bien la difputer contr'elle, mais non pas
la méconnoître de bonne foi.

  * Quelques vertus morales que poffe-
de un homme à qui la Religion man-

que, de combien de douceurs n'est-
il point privé ? Quel sentiment peut
le consoler dans ses peines ? Quel
spectateur anime les bonnes actions
qu'il fait en secret ? Quelle voix peut
parler au fond de son cœur ? Quel
prix peut-il attendre de sa vertu ?
Comment doit-il envisager la mort ?

* Quel argument contre l'incrédule
que la vie du vrai Chrétien ! S'il y faisoit attention, il seroit forcé de s'écrier :
Non, l'homme n'est pas ainsi par lui-
même ; quelque chose de plus qu'humain régne ici.

* Les derniers momens de la vie sont
trop précieux pour qu'il soit permis d'en
abuser. Si l'on ne peut pas prolonger les
jours d'un mourant, au moins ne faut-il
pas les abreger en lui ôtant l'emploi du
peu d'instans qui lui sont laissés par la
nature. Moins il lui en reste, plus on
doit les respecter.

* Quelque rôle qu'on ait pu faire

pendant sa vie, on ne doit point jouer la Comédie à la mort.

* Si l'on est dévot pendant le tracas de cette vie, comment ne le sera-t'on pas au moment qu'il faut la quitter, & qu'il ne reste plus qu'à penser à l'autre !

* La priére du malade est la patience. La préparation à la mort est une bonne vie ; il n'y en a point d'autre.

* Tâchez de vivre de maniére à n'avoir pas besoin de songer à la mort. Qui s'endort dans le sein d'un pere, n'est pas en souci du réveil.

* Combien de pécheurs, bourrelés au lit de la mort, n'accumulent de vaines & séches priéres, que parce qu'ils sont indignes d'étre éxaucés !

* On donne un esprit faux au Christianisme en n'en faisant que la Religion des mourans, & de ces Ministres des hommes de mauvais augure. On les regarde comme des messagers de mort,

parce que dans l'opinion commode qu'un quart-d'heure de repentir suffit pour effacer cinquante ans de crimes, on n'aime à les voir que dans ce temps-là. Vêtus d'une couleur lugubre, ils font obligés d'affecter un air févére : on n'épargne rien pour les rendre effrayans.

* La mort est déja si pénible : pourquoi la rendre encore hideufe ? L'inftant de la mort n'est rien ; le mal de la nature est peu de chofe ; il faut bannir tous ceux de l'opinion.

Quel avantage plus précieux que celui d'être élevé dans une Religion raifonnable & fainte, qui, loin d'abrutir l'homme, l'ennoblit & l'éleve, qui ne favorifant ni l'impiété, ni le fanatifme, permet d'être fage & de croire, d'être humain & pieux tout à la fois !

* Les chagrins & les peines doivent être comptés pour des avantages, en ce qu'ils empêchent le cœur de s'endurcir aux malheurs d'autrui. Il y a même

de la douceur à s'attendrir sur ses propres maux & sur ceux des autres. La
sensibilité porte toujours dans l'ame un
certain contentement de soi-même in-
dépendant de la fortune & des événemens.

* Un état permanent n'est pas fait
pour l'homme. Quand on a tout acquis,
il faut perdre, ne fût-ce que le plaisir
de la possession qui s'use par elle.

* Plus on vit, plus on aime à vivre,
même sans jouir de rien. On a l'ennui
de la vie, & la terreur de la mort, suite ordinaire de la vieillesse.

* Une personne qui faisoit les délices
de tous ceux à qui elle étoit connue,
l'objet le plus aimable & le plus respec-
table, est enlevée au milieu de sa carriére.

BEAUTÉ, C'EST DONC-LA TON DER-
NIER ASYLE..... CONFIANCE, AMI-

TIÉ, VERTUS, PLAISIRS, LA TERRE A
TOUT ENGLOUTI . . . . . SON CERCUEIL
NE LA CONTIENT PAS TOUTE ENTIÉ-
RE . . . . ELLE HABITE LE SÉJOUR
DE L'ÉTERNELLE PAIX.

FIN.